Julia und Mario Dobnig

Erlebnis-Wandern!

Trekkingführer
Hohe Tauern

Von Hütte zu Hütte durch den Nationalpark
Kärnten · Salzburg · Tirol

Tyrolia-Verlag · Innsbruck-Wien

Die idyllisch am Bödensee gelegene Neue Reichenberger Hütte (2586 m) ist das Etappenziel des 20. Tages.

Vorwort

Manches Mal muss man seine Blicke zuerst in die Ferne schweifen lassen, um zu erkennen, was die eigene Heimat an Wundern zu bieten hat. Und so war es in unserem Fall eine Trekkingtour im Himalaya, die uns die große Begeisterung für die heimischen Berge wiederentdecken ließ. Seit diesen intensiven Erlebnissen haben wir zahlreiche größere und kleinere Trekkingtouren unternommen, sind dabei immer näher an unsere Heimat Osttirol gerückt und lernten den Nationalpark Hohe Tauern von einer neuen Seite kennen. Wir fanden wiederkehrende Glücksmomente beim Trekken und neue körperliche und geistige Erfahrungen: die innere Ruhe, die nach ein paar Tagen des Wanderns eintritt, das Erkennen körperlicher Grenzen und das Staunen über die eigene Leistungsfähigkeit, die gedankliche Entfernung vom Alltag im Tal, die unbeschreibliche Zufriedenheit, wenn man sich abends erschöpft in den Schlafsack einhüllt, die Freude über ein nahrhaftes Hüttenessen, die Kameradschaft unter den Wanderern und das intensive Erleben unberührter Natur.

Unzählige Tage wanderten wir durch die Berge und Täler der Hohen Tauern und lernten den Nationalpark als kostbares Kleinod schätzen. So reifte der Entschluss, eine Wanderroute durch den ganzen Nationalpark zu legen, die Hütten miteinander zu verknüpfen, die besonders schönen Stellen auszuforschen, miteinander zu verbinden und diesen Wanderführer zu schreiben.

Es hat uns viel Freude und wunderschöne Tage bereitet, diese Wanderungen zu machen. Wir haben verschiedene Varianten ausprobiert und die besten hier festgehalten.

Julia und Mario Dobnig

Inhaltsverzeichnis

Rund um den Großvenediger

Einleitung

Dieser Wanderführer möchte Sie zu einem besonderen Abenteuer einladen: eine Durchwanderung des größten Nationalparks Mitteleuropas, des Nationalparks Hohe Tauern. Dieser große, vielfältige Naturraum ist ein Eldorado für Wanderer. Unsere Route führt durch alle drei Bundesländer, über die sich der Nationalpark erstreckt: Salzburg, Kärnten und Tirol.

Die natürliche Umgebung ist vielfältig und die variantenreiche Flora und Fauna sind beeindruckend. Doch führen die Wege nicht nur durch alpine Naturräume, sondern auch durch traditionelle Kulturlandschaften. Hochalpine Gebiete mit zahlreichen Dreitausendern, wuchtigen Gletschergebieten, tiefen Schluchten, tosenden Wasserfällen und bizarren Felsformationen wechseln sich ab mit gewachsenen Ortschaften, grünen Hochweiden, Bergwiesen und Wäldern. Der Weg führt auch durch traditionelle Almlandschaften, deren Almhütten manches Mal zum Verweilen und Verzehren frischer Almprodukte einladen. Auch die Infrastruktur in Form von hervorragenden Schutzhütten und markierten Wegen ist vorbildlich und gut ausgebaut.

Wer sich zum ersten Mal auf eine Weitwanderung begibt, wird bereits nach wenigen Tagen die großen Unterschiede zu einzelnen Tageswanderungen erleben. Jeden Tag werden neue Strecken erwandert und neue Landschaften erlebt. Es ist nicht ein Auf- und Absteigen, nicht ein Hin- und Zurückwandern, sondern ein stetiges Vorwärtskommen mit täglichen Überraschungen.

Zahlreiche Factboxes weisen auf besondere Sehenswürdigkeiten, geschichtliche Begebenheiten und andere Hintergründe hin, sodass beim Wandern nicht nur die Bergwelt, sondern auch die gewachsene und kulturelle Landschaft sowie die Lebensweise der Bevölkerung kennen gelernt werden kann.

Tipp

Auf der Website **http://hohetauern.diealpen.at** finden Sie Informationen zu dieser Trekkingtour. Sie ergänzt den Führer durch aktuelle Informationen und bietet die Möglichkeit, Kommentare zu verfassen, Wanderpartner zu finden etc.

Zur Verwendung des Führers

Die individuelle Weitwanderung

Im Gegensatz zu anderen Berg- und Wandertouren ist das Ziel einer Weitwanderung dieser Art nicht ein besonders hoher Gipfel oder eine technisch schwierige Besteigung. Es geht vielmehr um das Durchwandern und Erleben einer Landschaft. Ein Pass wird überwunden, entlang eines Flusses gewandert, zur nächsten Hütte aufgestiegen, ein Bergsee umgangen und ein neues Tal erreicht. Der Weitwanderer im Nationalpark Hohe Tauern legt eine abwechslungsreiche Strecke von einem Ort zum anderen zurück, er überquert historische Übergänge und folgt alten Handelswegen.

Dieser Führer beschreibt eine Weitwanderung, die aus insgesamt 22 Tagesetappen besteht und in drei Kapitel gegliedert ist. Die Route führt großteils durch alpine Landschaften von Hütte zu Hütte, kommt aber auch immer wieder ins Tal und durch Orte hindurch. Daher ergeben sich verschiedene Ein- und Ausstiegspunkte, sodass die Touren entsprechend der zur Verfügung stehenden Zeit, der Kondition der Wanderer und den Bedingungen individuell gestaltet werden können. Die einzelnen Etappen lassen sich vielfach auch verkürzen

Saftige Wiesen kurz vor dem Matreier Tauernhaus

Notruf

Europäischer Notruf: 122
Bergrettung Österreich: 140
Rettung Österreich: 144
Bergrettung Südtirol: 118
Notruf Italien: 118

oder verlängern – je nachdem, durch welche Ortschaften oder an welchen Hütten sie vorbeiführen. Rasttage lassen sich natürlich beliebig einfügen und von den einzelnen Hütten gibt es Hinweise auf Besteigungen und Abstecher, sodass auch Gipfelstürmer auf ihre Rechnung kommen. So kann jeder Weitwanderer eine Tour gestalten, die seinen Interessen und konditionellen Voraussetzungen entgegenkommt und die er abhängig vom Wetter und anderen äußeren Einflüssen flexibel variieren kann.

Es empfiehlt sich, eine geplante Hütten-Übernachtung im Vorhinein zu reservieren.

Routenführung

Die Route wurde so gelegt, dass keine Gletscherüberschreitungen oder alpinen Klettereien zu bewältigen sind. Kurze seilversicherte Passagen, in denen man teilweise auch die Hände zu Hilfe nehmen muss, kommen immer wieder vor, werden aber im Text erwähnt und sind bei guten Bedingungen ohne spezielle Ausrüstung oder Kletterkenntnisse problemlos zu überwinden. Da aber in einigen Touren viele Kilo-

Steiler Aufstieg über seilversicherte Passage

Blick über das Tauerntal
(aufgenommen in der Nähe des Tauerntroges)

meter und Höhenmeter zu überwinden sind, sollte eine gewisse Grundkondition und Trittsicherheit vorhanden sein. Ansonsten empfehlen wir, mit einfacheren Touren zu beginnen, indem Sie beispielsweise auch lange Etappen, die an einer Schutzhütte vorbeiführen, in zwei Tagestouren aufteilen.

Die Routenführung dieses Trecks legt Wert darauf, immer wieder Ortschaften zu passieren, in denen man gut einmal eine Rast einlegen und seinen Rucksack mit Proviant wieder neu füllen kann. Außerdem sind die Orte meist auch mit öffentlichen Verkehrsmitteln einfach zu erreichen und eignen sich daher als Ein- oder Ausstiegspunkte der Tour.

Die angegebenen Gehzeiten sind mittlere Zeiten (ohne Pausen), die das Zusatzgewicht eines Trekkingrucksacks berücksichtigen.

Öffentliche Verkehrsmittel

Informationen zu öffentlichen Verkehrsmitteln bei Ein- und Ausstiegspunkten unter www.oebb.at oder telefonisch unter 05/1717.
Zusätzlich wurde 2006 ein Wanderbus eingerichtet. Informationen dazu bekommen Sie unter www.postbus.at bzw. unter der Telefonnummer 0810/222333 (aus Österreich) oder +43/1/71101 (aus dem Ausland).

Klima und Wanderzeit

Die Route führt teilweise über hohe Pässe und durch hochalpines Gelände. Je nach Schneehöhen im Winter und Temperaturen im Frühling und Frühsommer kann in manchen Jahren auch im Sommer noch Schnee auf den Wegen liegen. Auch Wetterstürze kommen immer wieder vor und bringen in den Bergen auch im Sommer Schnee und Eis. Daher ist es wichtig, vor Beginn der Wanderung die Situation zu überprüfen, vor allem die hohen Übergänge können unter Umständen auch einmal nur schwer oder gar nicht passierbar sein. Die besten, aktuellsten Informationen dazu können meist die Hüttenwirte geben, da sie sich vor Ort befinden und den Wetterverlauf beobachten. Sie können im Fall eines Wettersturzes auch Auskünfte über Alternativen oder Abstiegsmöglichkeiten geben.

Die Hüttenöffnungszeiten können – abhängig von den Bedingungen – in einzelnen Jahren nach vorne oder hinten verschoben werden. Dem folgenden Diagramm können Sie aber die üblichen Öffnungszeiten entnehmen – sie dienen gleichzeitig auch als Empfehlungen für die Wanderzeit. Die meisten Hütten haben von Mitte Juni/Anfang Juli bis Mitte/Ende September geöffnet.

Auf eine Besonderheit in der Wetterentwicklung möchten wir noch hinweisen: Der Alpenhauptkamm ist eine Wetterscheide, südlich und nördlich davon sind oft unterschiedliche Wettersituationen vorzufinden. Beachten Sie dies bei der Tourenplanung! Sollte in Osttirol und Kärnten ein Adriatief die Tage Ihres Urlaubs verregnen, besteht dennoch die Möglichkeit, dass Sie in Salzburg gutes Wanderwetter vorfinden – oder umgekehrt.

Holen Sie bei den Hütten oder beim Wetterdienst Informationen ein, bevor Sie Ihre Wanderung antreten!

Wetter-Infos

Alpenverein-Wetterdienst: www.alpenverein.at/portal/Wetter
Alpiner Wetterdienst Österreich (kostenpflichtig): 0900/911566-80
Alpenwetter (Wetterdienststelle Innsbruck, persönliche Beratung, Mo bis Sa von 13 bis 18 Uhr): +43/(0)512/291600

Hütten	Mai	Juni	Juli	August	Sept.	Oktober
Gmünder Hütte						
Osnabrücker Hütte						
Hagener Hütte						
Niedersachsenhaus						
Fuschertörlhaus						
Elberfelder Hütte						
Lienzer Hütte						
Hochschoberhütte						
Lesachalmhütte						
Kalser Tauernhaus						
Sudetendeutsche Hütte						
Badener Hütte						
Neue Fürther Hütte						
Neue Thüringer Hütte						
Krimmler Tauernhaus						
Birnlückenhütte						
Lenkjöchlhütte						
Clarahütte						
N. Reichenberger Hütte						
Lasörlinghütte						
Zupalseehütte						

Ausrüstung und Hinweise

Bei einer Trekkingtour, die sich über mehrere Tage oder Wochen erstreckt, sind gute Ausrüstung und überlegtes Einpacken besonders wichtig. Der Rucksack (Größe: ca. 60 Liter) wird wesentlich schwerer sein, als Sie das vielleicht von Tagestouren gewohnt sind, und sollte mit einem guten Tragesystem mit Bauchgurt versehen sein. Achten Sie darauf, dass Sie den Rucksack bequem tragen können, ca. ⅔ des Gewichtes sollte auf der Hüfte liegen, nur ⅓ auf den Schultern! Ein zu schwerer Rucksack kann die Freude am Wandern bedeutend mindern.

Aber auch wenn Sie nur das Nötigste dabeihaben, wird der Rucksack in den ersten Tagen schwer wiegen. Doch vertrauen Sie auf die Anpassungsfähigkeit Ihres Körpers: Nach dem dritten Tag, der unserer Erfahrung nach oft der schwierigste ist, erscheint Ihnen der Rucksack von Tag zu Tag leichter! Wichtig ist jedoch, dass Sie von Anfang an Ihr Gehtempo im Vergleich zu Tageswanderungen etwas drosseln. Man sollte am Abend noch einige Kraft- und Energiereserven haben und nicht jeden Tag bis ans Limit gehen, damit sich der Körper regenerieren kann und auch am nächsten Tag wieder den Herausforderungen gewachsen ist.

Pause auf der Galtenscharte.
Im Hintergrund das Frosnitztal und die Granatspitzgruppe.

Wolkenmeer über dem Tauerntal (gesehen von der St. Pöltner Hütte)

Ein weiterer entscheidender Faktor für eine gelungene und genussvolle Wandertour sind die Bergschuhe, die wasserdicht und atmungsaktiv sein sollten, ein gutes Profil aufweisen und nach Möglichkeit schon gut eingegangen sind! Packen Sie Hirschtalg (mit dem man die Füße dick einreibt, um Blasenbildung zu vermeiden) und spezielle Blasenpflaster (in Drogerien und Apotheken erhältlich) ein, auch wenn Sie bei kürzeren Wanderungen niemals Blasen hatten.

Teleskop-Wanderstöcke sind für manche Wanderer eine große Hilfe. Besonders wenn lange Abwärtsstrecken zu bewältigen sind, werden dadurch die Knie und Gelenke geschont. Wenn die Stöcke gerade nicht gebraucht werden, lassen sie sich einfach auf den Rucksack schnallen.

Auch wenn Sie im Hochsommer wandern, sollten Handschuhe, Mütze und eine warme Jacke auf jeden Fall ins Gepäck! Dem Sonnenschutz kommt durch die vermehrte UV-Strahlung in der Höhe besondere Bedeutung zu.

Zusätzlich zu diesem Führer, in dem Sie Ausschnitte aus den amtlichen Karten finden, empfehlen wir die Mitnahme eines Kompasses und von folgendem Kartenmaterial: Alpenvereinskarten Nr. 35/3, 36, 39, 40, 42, 43, 44; zusätzlich die Karten des Bundesamtes für Eich- und Vermessungswesen 3101 und 3102.

In den Kartenskizzen werden folgende Symbole verwendet:

⌂	Einkehrmöglichkeit	━━━	Wegverlauf
⌂	Übernachtung/Hütte	╍╍╍	Variante

Ausrüstungsliste:

Kleidung / Schuhwerk

- ❑ Wanderschuhe
- ❑ Hüttenschuhe
- ❑ Wandersocken
- ❑ Unterwäsche
- ❑ lange Unterwäsche
- ❑ Funktions-T-Shirts
- ❑ Wanderhosen
- ❑ Fleece-Pullover bzw. -Jacken
- ❑ Anorak/Regenjacke
- ❑ Wollhaube
- ❑ Handschuhe
- ❑ Sonnenbrille
- ❑ Schildkappe (Sonnenschutz)

Hygiene

- ❑ Seife
- ❑ Waschmittel
- ❑ kleines Handtuch
- ❑ Sonnencreme und Lippenschutz (Faktor 15+)
- ❑ Zahncreme
- ❑ Zahnbürste
- ❑ Feuchtigkeitscreme
- ❑ Hirschtalg (gegen Blasen)
- ❑ Nagelschere
- ❑ Toilettenpapier

Notfall/Apotheke

- ❑ Erste-Hilfe-Set
- ❑ Verband
- ❑ Desinfektionsmittel
- ❑ Wundheilsalbe
- ❑ Aspirin
- ❑ Tape
- ❑ (Blasen-)Pflaster
- ❑ Pfeife
- ❑ Biwaksack
- ❑ Handy

Foto

- ❑ Kamera
- ❑ Filme
- ❑ Reservebatterien (wegen Kälte)

Verpflegung

- ❑ Müsliriegel
- ❑ Getränke (mind. 2 Liter, Teebeutel, isotonische Pulver)
- ❑ Studentenfutter
- ❑ Jause

Sonstiges

- ❑ Hütten- oder Fleeceschlafsack
- ❑ Wanderkarten
- ❑ Kompass
- ❑ Höhenmesser
- ❑ Taschenmesser
- ❑ Feuerzeug
- ❑ Taschenlampe mit Ersatzbatterien
- ❑ Nadel und Faden
- ❑ Feldstecher
- ❑ Alpenvereinsausweis
- ❑ ausreichend Bargeld
- ❑ Wetterschutz für den Rucksack
- ❑ ev. Teleskopwanderstöcke
- ❑ ev. Spielkarten, Buch etc.

Geschichte

Von der Idee des Nationalparks Hohe Tauern bis zu dessen Verwirklichung war es ein langer, steiniger Weg. Diskrepanzen zwischen Umweltschutz und Energiewirtschaft, Wirtschaft und Tourismus, Grundbesitzern und Politikern sowie Einheimischen und Erholungssuchenden in vielen großen und kleinen Fragen mussten in jahrzehntelangen Diskussionen ausgetragen werden. Die Definition der Schutzrichtlinien, in denen sowohl die Bedürfnisse der ansässigen Bevölkerung und ihrer Kultur wie auch der zu schützenden Natur in ausgeglichenem Maße berücksichtigt wurden, musste in zahlreichen Verhandlungen festgelegt werden, bevor die drei Bundesländer Kärnten, Salzburg und Tirol damit begannen, die Schutzgebiete festzulegen. Und obwohl die Idee bereits am Anfang des 20. Jahrhunderts geboren worden war, wurden erst in den Achtzigerjahren die ersten Gebiete Kärntens zum Nationalpark, gefolgt von Salzburger Anteilen. Die Osttiroler Beteiligung am Projekt war besonders heftig umstritten, vor allem die Diskussionen um ein gigantisches Wasserkraftwerk im Dorfer Tal ließen die Emotionen hochgehen. Erst 1992 konnte schließlich auch dieser Teil des Nationalparks eröffnet werden.

Wanderung durch das Innergschlöss

Der majestätische Großvenediger

Als der Nationalpark Hohe Tauern 1981 eingerichtet wurde, war er der erste österreichische Nationalpark. Im Laufe der folgenden Jahrzehnte entwickelte er sich zum flächenmäßig größten Schutzgebiet Mitteleuropas. Er umfasst heute mehr als 1800 km^2 und ist ein einzigartiges Vorzeigeprojekt, das sowohl die bergbäuerliche Kultur als auch die Natur schützt und der Forschung auf verschiedenen Gebieten interessante Voraussetzungen bietet.

Eine besondere Schwierigkeit in der Errichtung war die Tatsache, dass sich die Gebiete fast ausschließlich in privatem Besitz befinden, wodurch eine enge Zusammenarbeit mit der ansässigen Bevölkerung nötig war. Doch gerade darin liegt heute eine entscheidende Qualität des Nationalparks, in der er sich von den meisten anderen Schutzzonen abhebt: dass ein Miteinander von rauer Urlandschaft und jahrhundertealter Kulturlandschaft gesichert und geschützt ist.

Massige Gletschergebiete, bizarre Felsformationen und tosende Wasserfälle prägen die Landschaft der Hohen Tauern ebenso wie Bergwiesen, bergbäuerliche Kulturlandschaften und jahrhundertealte Almlandschaften. Ein Großteil des Nationalparks ist hochalpin, mit zahlreichen Gipfeln jenseits der 3000 Meter, doch auch Orte und Täler wurden eingeschlossen. So zeichnet er sich durch eine Vielfalt von Landschaften aus, die sich über einen Höhenunterschied von 2600 Metern erstrecken. Diese Gegensätze und zugleich unsägliche Vielfalt sind es, die den Nationalpark für Wanderer und Besucher besonders attraktiv machen und zu einem einzigartigen Erlebnis werden lassen.

Vegetation und Tierbesiedlung

Der Nationalpark Hohe Tauern hat aus Sicht der Natur mehrere Vorteile gegenüber anderen natürlichen Landschaften in Europa. Einerseits ist die zusammenhängende Fläche so groß, dass sich Pflanzen- und Tiergemeinschaften ungestört entwickeln und natürliche Lebensräume fernab von Industrie und wirtschaftlicher Nutzung frei entfalten können. Andererseits ist ein Großteil des Gebietes hochalpin und dadurch vor jedem Massentourismus und der damit einhergehenden Zerstörung sicher. Viele Bereiche können gar nicht oder nur in mehrtägigen Wanderungen erreicht werden. Daher finden wir heute eine vielfältige Flora und Fauna, wie sie über die letzten Jahrtausende hier heimisch geworden sind.

Die Arten, die das Gebiet der Hohen Tauern nach der letzten Eiszeit (vor ca. 12 000 Jahren) besiedelten, stammen in erster Linie aus der zentralasiatischen Kältesteppe, aus dem arktischen Bereich und der sibirischen Tundra. Mit den steigenden Temperaturen wanderten diese Pflanzen nach oben und die Täler wurden durch Fichten aus dem Balkan und Lärchen und Zirben aus der asiatischen Taiga bewaldet. So finden sich heute uralte Zirben und Lärchen im Nationalpark. Mit den Höhenmetern, die der Wanderer zurücklegt, durchwandert er verschiedene Vegetationszonen. Edelweiß, Bergröschen, Enzian, Arnika und verschiedenste Orchideen sind nur einige der wunderschönen Pflanzen, welche die Wege säumen.

Gamswurz

Auch die Tierwelt kann im Schutz des Nationalparks leben und gedeihen und ist in einer erfreulichen Vielzahl anwesend. Nicht nur Murmeltieren und Schneehühnern begegnet man, wenn man durch den Nationalpark streift, mit etwas Glück kann man zum Beispiel auch Steinadler, Steinböcke oder Bartgeier beobachten.

Das Erleben dieser vielfältigen Naturlandschaft ist neben der körperlichen und alpinen Erfahrung sicherlich ein Faktor, der Wanderungen im Nationalpark zu ganz besonderen Erlebnissen werden lässt.

Urlandschaft und Kulturland

Der Nationalpark Hohe Tauern ist aufgegliedert in eine Kern- und eine Außenzone. Die Kernzone, das alpine Urland, nimmt etwa zwei Drittel der Fläche ein, die Außenzone, das bäuerliche Kulturland, etwa ein Drittel.

Die Hohen Tauern umfassen Landschaften der Superlative, sie werden als letzte großflächig zusammenhängende Naturlandschaft Österreichs bezeichnet und bieten urtümliche Kulissen, wie sie anderswo nur noch selten zu finden sind. Der Großglockner mit seiner mächtig in den Himmel ragenden Spitze – mit 3798 Metern der höchste Berg Österreichs – ist wohl das Herzstück des Nationalparks. Zu seinen Füßen liegt der Pasterzengletscher, der mit 19 km^2 Größe und 9 km Länge der größte Gletscher der Ostalpen ist. Das gewaltige Massiv des Großvenedigers – das größte zusammenhängend vergletscherte Gebiet der Ostalpen – befindet sich ebenso im Nationalparkgebiet wie die Krimmler Wasserfälle, bei denen das Wasser weiter ins Tal stürzt als irgendwo anders in Europa.

Diese Besonderheiten und zahlengeprägten Statistiken werden durch unzählige kleine und kleinste Wunderwerke der Natur ergänzt und der Nationalpark kann in seiner natürlichen und landschaftlichen Vielfalt wohl nur erfasst werden, wenn man sich Zeit nimmt, ihn mit eigenen Sinnen zu erforschen.

Den Superlativen der Natur stehen – nicht minder wichtig und beeindruckend – Landschaften gegenüber, die durch Menschenhand geprägt sind. Sie verleihen den Außenzonen des Nationalparks eine besondere Note. Die Täler der Hohen

Tauern wurden durch eine lange Besiedlungsgeschichte gestaltet. Bereits vor 5000 Jahren haben sich hier die ersten Menschen auf der Suche nach Erzen niedergelassen und das Gebiet dauerhaft besiedelt.

Die Flächen über der Waldgrenze werden seit Jahrhunderten von Bergbauern bewirtschaftet und beweidet. Saftig grüne Weideflächen, Hirtensteige, Holzzäune und Steinwälle, traditionelle Almhütten und Wegkreuze sind nur einige der Zeugen einer alten ländlichen Kultur.

Diese Kultur, die heute ebenso lebendig ist wie vor vielen Jahren, kann nicht nur das Auge des Wanderers erfreuen. Auf zahlreichen Almen im Nationalparkgebiet, auf denen Rinder und Schafe die Sommermonate auf Hochweiden verbringen, wird Butter, Hart- und Weichkäse, Sauer- und Buttermilch erzeugt und direkt verkauft. So lädt manche Alm zu einer Rast ein, an der man sich stärken und an den köstlichen Almprodukten laben kann.

Traditionelles Bauernhaus im Virgental

Übersichtskarte

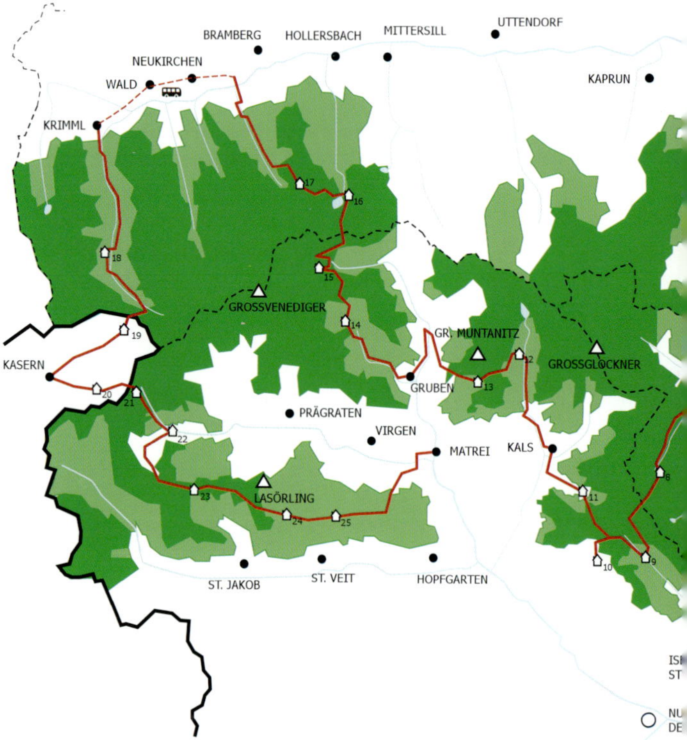

1 GMÜNDER H.
2 SPORTHOTEL MALTATAL
3 OSNABRÜCKER H.
4 HAGENER H.
5 NIEDERSACHSENHAUS
6 RAURISER TAUERNHAUS
7 FUSCHERTÖRLHAUS

8 ELBERFELDER H.
9 LIENZER H.
10 HOCHSCHOBER H.
11 LESACHALM H.
12 KALSER TAUERNHAUS
13 SUDETENDEUTSCHE H
14 BADENER H.

15 ALTE PRAGER H.
16 NEUE FÜRTHER H.
17 THÜRINGER H.
18 KRIMMLER TAUERNHAUS
19 BIRNLÜCKEN H.
20 LENKJÖCHL H.
21 PHILIPP REUTHER H.

22 CLARA H.
23 NEUE REICHENBERGER H.
24 LASÖRLING H.
25 ZUPALSEE H.

RAURIS
WÖRTH
HÜTTSCHLAG
BADGASTEIN
MUHR
SPORTGASTEIN
ILIGENBLUT
SONNBLICK
ANKOGEL
MALTA
MALLNITZ
GROSSKIRCHHEIM
MÖRTSCHACH
WINKLERN
DÖLSACH
HÜTTE / STÜTZPUNKT
TREKKING ROUTE
ZUBRINGER / VERBINDUNGSSTÜCKE (BUS, TAXI, PKW)
LANDESGRENZEN

Anreise

Der Ort Malta ist über die Tauernautobahn (A10) bequem zu erreichen. Man verlässt die Autobahn bei der Abfahrt Gmünd und folgt der Beschilderung nach Malta.

Die Mautstation der Maltatal-Hochalmstraße, an der unsere Wanderung beginnt, liegt ca. 9 Kilometer taleinwärts hinter dem Ort Malta.

Für eine Anreise mit öffentlichen Verkehrsmitteln stehen Busse der ÖBB zur Verfügung, die den Ort Malta häufig frequentieren. Die Fahrzeit vom nächstgelegenen Bahnhof Spittal an der Drau beträgt ca. 40 Minuten.

In der Sommersaison 2006 wurden Wanderbusse eingerichtet, welche die Wanderer weiter ins Tal hineinführen. Sie verkehren zweimal wöchentlich in der Früh von Gmünd über Malta über die Mautstraße bis zur Kölnbreinsperre. Genaue Auskünfte dazu erhält man beim Tourismusverband Lieser-Maltatal bzw. bei der Postbus GmbH.

Mit diesen Bussen gelangt man bequem bis zum Ausgangspunkt der Wanderung (Haltestelle Mautstation) bzw. auch weiter ins Tal zur Kölnbreinsperre, wenn man die erste Tour abkürzen will. Außerdem gibt es im Lieser-Maltatal zwei Taxiunternehmen, die die Wanderer zur Einstiegsstelle der Tour bringen können.

Staudacher (Mietwagen, Taxi)
Telefon: +43/(0)4732/2325
sonnalm-reisen@buspartner.at

Dullnig (Mietwagen, Taxi)
Telefon: +43/(0)4732/37050

Zug- und Busauskunft der ÖBB
Callcenter-Auskunft: 05/1717
Internet: www.oebb.at

Kundenberatung ÖBB-Postbus
Auskunft aus Österreich:
Telefon: 0810/222333
Auskunft aus dem Ausland:
Telefon: +43/1/71101
täglich von 7 bis 20 Uhr
Internet: www.postbus.at

TVB Lieser-Maltatal
Hauptplatz 20, 9853 Gmünd
Telefon: +43/(0)4732/2222
E-Mail: info@familiental.com
Internet: www.familiental.com

Tauerntal

Mautstation Maltatal – Osnabrücker Hütte

Mautstation Maltatal	Gmünder Hütte	Kölnbreinsperre/ Sporthotel Maltatal	Osnabrücker Hütte	
911 m	1186 m	1933 m	2026 m	
1½ Std.	3 Std.	2 Std.		6½ Std. ↗ 1120 Hm

Charakteristik: Abwechslungsreiche, aber weite Einstiegstour auf guten Wegen – vorbei an den Malteiner Wasserspielen und der Kölnbreinsperre in den Nationalpark Hohe Tauern, wo ein fantastischer Ausblick auf den Gletscher der Hochalmspitze wartet.
Einkehr/Übernachtung: Gmünder Hütte, Sporthotel Maltatal, Kölnbreinstüberl, Osnabrücker Hütte

Kölnbreinspeichersee

Unsere Tour startet direkt bei der Mautstation Maltatal. Sie folgt dem Erlebnisweg Malteiner Wasserspiele, der beim Restaurant Falleralm beginnt. Man wandert der Malta entlang taleinwärts, vorbei an beeindruckenden Bächen und Wasserfällen. Der Weg ist mit 18 Haltepunkten versehen, Aussichtsplattformen ermöglichen Einblicke in tiefblaue Tümpfe und Teiche sowie Ausblicke auf zahlreiche Wasserfälle – unter anderen kann man den höchsten Wasserfall Kärntens, den Melnikfall, bewundern. Nach ca. 1½ Stunden erreichen wir die Gmünder Hütte.

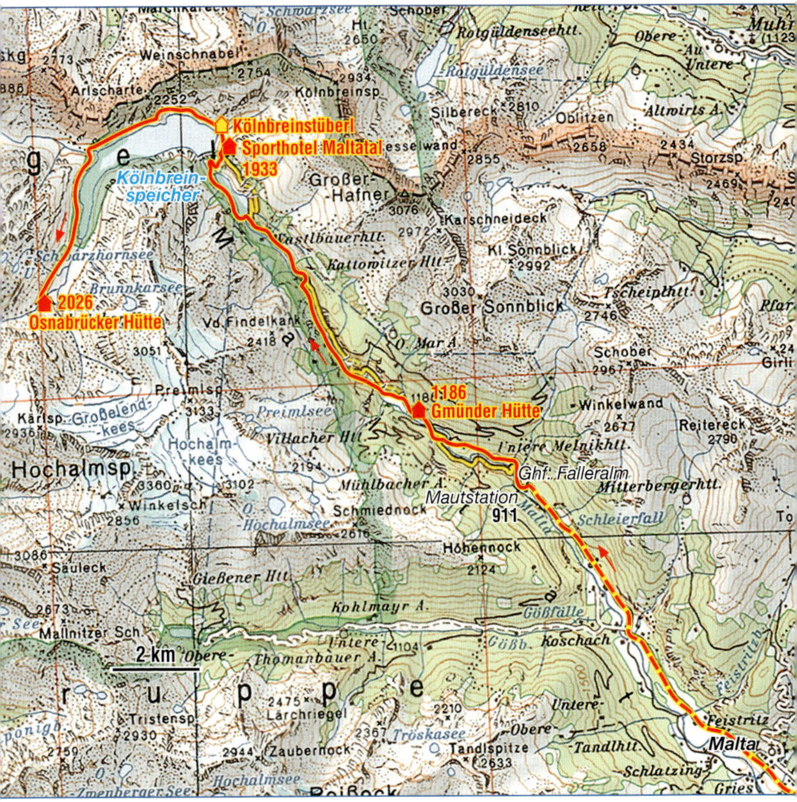

Gmünder Hütte (1186 m)

OeAV-Sektion Gmünd
Offen: Anfang Mai bis Ende Oktober
Zimmerlager/Betten: 15 Plätze
Matratzenlager: 10 Plätze
+43/(0)664/2019028
www.gmuenderhuette.at

Von der Hütte führt der Erlebnisweg noch ca. eine ½ Stunde weiter bis zum „Blauen Tumpf" in der Schönau. Der Wasserlehrpfad endet dort, doch der Weg, dem wir folgen, führt weiter entlang der Malta. Beim Gasthof Almrauschhütte überquert man den Fluss und kommt auf die Hochalmstraße. Auf dieser wandert man nun einen guten Kilometer, bis der Wanderweg wieder nach links abzweigt. Er führt zwischen Straße und Malta weiter bis zum Staudamm des Galgenbichlspeichers. Man geht unterhalb des Dammes nach Westen, folgt dem Ufer des Speichersees und überquert die Malta am oberen Ende, unterhalb der Kölnbreinsperre. Dann steigt der Weg im Zickzack an bis zur Mautstraße. Vor sich erblickt man nun das Sporthotel Malta und einen großen Parkplatz.

Die Staumauer des Kölnbreinspeichers beherrscht mit ihrer gewaltigen Dimension das Tal. Es ist dies ein Beispiel einer veränderten Landschaft, wie es wohl das Schicksal einiger Täler der Hohen Tauern gewesen wäre, hätte man sich nicht zur Schaffung des Nationalparks und zum Schutz der Natur- und Kulturlandschaft durchgerungen.

Wir verlassen den Parkplatz beim Sporthotel Maltatal über den Forstweg, der zum Kölnbreinstüberl führt. Von dort wandert man ca. 1½ Stunden entlang des Stausees, vorbei an der Abzweigung ins Kleinelendtal. Vom Ende des Sees folgt man dem immer noch breiten Forstweg weiter ins Tal Richtung Osnabrücker Hütte, die man nach einer ½ Stunde erreicht.

Die Hütte ist am Fuß der Hochalmspitze ausgesprochen schön gelegen, die Gletscher blicken dem Wanderer entgegen und man befindet sich bereits in einer hochalpinen, idyllischen Landschaft.

Osnabrücker Hütte (2026 m)

DAV-Sektion Osnabrück
Offen: Mitte Juni – Ende September
Zimmerlager/Betten: 31 Plätze
Matratzenlager: 34 Plätze
+43/(0)4783/211139159
www.osnabrueckerhuette.at
www.dav-osnabrueck.de
+43/0650/4461202

Tourenmöglichkeiten:
Hochalmspitze (3360 m, Gehzeit: 4¾ Std.), Ankogel (3250 m, Gehzeit: 3½ Std.), Kälberspitze (2854 m, Gehzeit: 2½ Std.)

Osnabrücker Hütte – Mallnitz

Osnabrücker Hütte		Großelendscharte		Schwussner Hütte		Mallnitz	
	2 Std.		2 Std.		2 Std.		6 Std.
2026 m		2674 m		1338 m		1191 m	↗ 650 Hm ↘ 1460 Hm

Charakteristik: Weite, aber sehr abwechslungsreiche Wanderung von der hochalpinen Gletscherwelt rund um die Großelendscharte, durch das wunderschöne Seebachtal bis in den Ort Mallnitz. Viele Höhenmeter (vor allem abwärts) und einige unschwierige seilversicherte Stellen.

Einkehr/Übernachtung: Schwussner Hütte (Jausenstation), Gasthof Alpenrose
Ausstiegsmöglichkeit: Mallnitz (mit Bahn und Bus sehr gut an das öffentliche Verkehrsnetz angeschlossen)
Mögliche Gipfelbesteigung: Ankogel (3252 m)

Steinmännchen auf der Großelendscharte

Von der Osnabrücker Hütte nimmt man den Weg nach Westen, der neben dem Fallbach-Wasserfall zu einem steil ansteigenden Steig wird. Teilweise sind kurze Stellen mit Fixseilen versichert, die jedoch unschwer zu überwinden sind. Der Weg führt neben dem Wasserfall hinauf bis zum Fallboden, den man nach ca. 50 Minuten erreicht.

Mögliche Gipfelbesteigung:
Hier führt nach rechts der Weg zum Ankogel.

Wir aber halten uns weiter auf dem rot-weiß markierten Pfad Richtung Hannoverhaus, der über Steine und Geröll nach

Westen führt. Nach einem Anstieg von ca. 45 Minuten erreicht man ein Plateau, auf dem der Pleßnitzsee und andere kleinere Teiche liegen. Von hier aus steigt man noch einmal etwa eine ½ Stunde an zur Großelendscharte. Der Weg dorthin ist nicht immer ganz leicht auszumachen, besonders wenn noch nicht alle Schneefelder geschmolzen sind. (Im Gegensatz zur Karte verläuft dieser Weg parallel zum Hang und schwenkt erst oben nach Westen und führt zur Scharte.)

Von der Scharte beginnt der Abstieg Richtung Hannoverhaus und Schwussner Hütte, unserem nächsten Ziel. Hier ist etwas Vorsicht geboten, damit man die Gabelung dieser beiden Wege nicht übersieht. Man erreicht sie nach etwa 15 Minuten und nimmt den Weg, der nach links (Richtung Süden) abzweigt. Etwa eine Stunde nach der Großelendscharte kommt die nächste Abzweigung, wo sich die Wege Richtung Celler Hütte (links) und Schwussner Hütte (rechts) trennen. Die Markierung mit der Aufschrift „Schwussner Hütte" befindet sich auf einem Stein. Der Weg führt teils in engen Serpentinen, teils in weiten Schlingen durch steiniges Gelände, später durch Wiesen und Almen ins Tal. Die Bergwiesen werden von einem lichten Lärchenwald abgelöst, der in einen dichten Mischwald übergeht. Nach einer weiteren Stunde überquert man auf Steinen den Bergbach, der durch den Pleschischgraben rinnt. Der Weg führt entlang des Baches durch den Wald, bis man nach etwa 25 Minuten auf einen Forstweg trifft. Diesem folgt man

Der Lindwurm und der Stappitzer See

Das Seebachtal wird als eines der naturbelassensten Täler der Ostalpen bezeichnet und der Stappitzer See ist nicht nur ein Naturjuwel, sondern auch von alten Kärntner Sagen umwoben. So soll hier der berühmte Lindwurm geschlüpft sein. Bei einem Hochwasser hatte es das Ungeheuer über Möll und Drau bis in jene sumpfigen Niederungen, wo heute Klagenfurt liegt, geschwemmt. Der Lindwurm, der zu immenser Größe heranwuchs und alles verschlang, was ihm in die Quere kam, wurde zu einer großen Plage für das Land. Erst durch die List einiger mutiger Knechte konnte das Untier besiegt werden und die ersten Häuser der heutigen Hauptstadt Kärntens wurden errichtet. Der Lindwurm ziert heute noch das Wappen der Stadt.

nach rechts und gelangt in einer weiteren ¼ Std. zur Schwussner Hütte.

Von hier führt der Weg durch das wunderschöne Seebachtal flach hinaus, begleitet von dem klaren, grün-blau schimmernden Seebach, der zu einer Abkühlung nach einer langen Wanderung einlädt. Wasserfälle an den Hängen ergänzen das idyllische Bild. Vier Kilometer vor Mallnitz passiert man den sagenumwobenen Stappitzer See.

Schwussner Hütte (1338 m)

Jausenstation
Offen: Anfang Juni bis Ende September (bis 17 Uhr), Mittwoch Ruhetag
+43/(0)664/5308800

Wenig später erreichen wir den Gasthof Alpenrose (ca. 1¼ Stunden nach der Schwussner Hütte), der neben der Talstation der Hochalmbahn – der Seilbahn zum Hannoverhaus – liegt. Von dort gelangt man in etwa 45 Minuten in den Ortskern von Mallnitz. Man folgt der Straße, bis direkt vor der Unterführung (unter der Bahntrasse) nach links ein Forstweg abzweigt, über den man ins Ortszentrum Mallnitz kommt.

Die Strecke vom Gasthof Alpenrose in das Zentrum von Mallnitz kann man auch mit Taxi oder Bus zurücklegen.

Im Ort Mallnitz finden sich zahlreiche Gasthöfe, Pensionen, Geschäfte etc. Der Bahnhof im Ort bietet nicht nur günstige Verbindungen für den Personenverkehr, sondern ist auch der Verladebahnhof der ÖBB-Tauernschleuse.

Mallnitz

Der kleine Ort Mallnitz mit etwa 500 Einwohnern ist ein Höhenluftkurort und zeichnet sich durch seine Lage inmitten der Bergwelt aus. Der Ort liegt am südlichen Eingang des Tauerntunnels und beherbergt den Verladebahnhof der Autoschleuse. Außerdem machen hier alle Intercity-Züge der Südbahn Halt – somit ist Mallnitz an das öffentliche Verkehrsnetz ausgesprochen gut angebunden.
Der Ort ist ein guter Ausgangspunkt für zahlreiche Wanderungen und Bergtouren sowie Wintersportaktivitäten – entsprechend groß ist das Angebot an Hotel- und Privatzimmern.
Das Nationalparkzentrum BIOS eröffnet dem Wanderer und Naturinteressierten einen neuen Blick auf die Welten des Nationalparks. Hier wird der Besucher in einem Laboratorium, einem Sensorium und jährlich wechselnden Sonderausstellungen selbst zum Forscher. Die Sinne für die großen und kleinen Wunder des Nationalparks werden geschärft und zahlreiche interaktive Stationen laden zum Experimentieren ein. Außerdem werden Exkursionen in den Nationalpark, Schulungen und Seminare angeboten.

Urlaubsinformation Mallnitz
9822 Mallnitz 11
+43/(0)4784/290 oder
+43/(0)699/12341851
info@mallnitz.at
www.mallnitz.at
Offen: Montag bis Freitag
8.30–17.30 Uhr, Samstag
15–18 Uhr, Sonntag 9–11 Uhr

Nationalparkzentrum BIOS
Nationalpark Hohe Tauern – Kärnten
9822 Mallnitz 36
+43/(0)4784/701
bios@ktn.gv.at
www.bios-hohetauern.at
Offen: Ende April bis Anfang
Oktober, täglich 10–18 Uhr

Mallnitz – Hagener Hütte

Mallnitz – 2 Std. – Jamnigalm – 2¼ Std. – Hagener Hütte
1191 m – 1748 m – 2448 m
4¼ Std.
↗ 1230 Hm

Charakteristik: Gemütliche, einfache Wanderung über breite Wege, durch Wälder und Almenwiesen zum Niederen Tauern
Einkehr/Übernachtung: Hagener Hütte
Einstiegsmöglichkeit: Mallnitz (mit Bahn und Bus sehr gut an das öffentliche Verkehrsnetz angeschlossen)

Vom Ortszentrum Mallnitz nimmt man die Straße, die westlich ins Tauerntal führt. Nach ca. 5 Minuten kommt man am Nationalparkzentrum BIOS (auf der gegenüberliegenden Bachseite) vorbei. Man passiert einige Abzweigungen, bleibt jedoch auf der Straße, bis man den Tauernbach auf einer Holzbrücke überqueren kann. Der Weg folgt anfangs dem Bachlauf, steigt dann ein wenig an und führt oben am Hang weiter, über Wiesen und Weiden, parallel zum Flussbett. Schließlich stößt man auf einen rot-weiß-rot markierten Weg und folgt diesem.
Für ca. 45 Minuten wandert man recht eben dahin und kommt dann in den Wald, wo der Weg etwas steiler wird. In der Folge verzweigt er sich oft, man hält sich aber immer an die Beschil-

Wegweiser am Niederen Tauern nach einem Wettersturz

derung „Jamnigalm“ und die Markierungen. Der Weg führt in engem Zickzack bergauf. Nachdem wir einen Bachlauf überquert haben, wird das Gelände wieder flacher und der Weg trifft auf einen Forstweg, der zur Jamnigalm führt. Im Gegensatz zu Angaben in manchen Wanderkarten ist eine Übernachtung in der Jamnigalm nicht möglich!

Wir gehen an der Alm vorbei, bis sich nach wenigen Minuten der Weg gabelt. Nun folgt man dem Schild „Hagener Hütte“ und überquert den Tauernbach. Der Weg zur Hagener Hütte ist ein breiter, vom Hüttenwirt befahrener Weg, der mäßig steil über die Almenböden führt und nicht zu verfehlen ist. Nach etwa 1¾ Stunden erreicht man das Tauernkreuz (2230 m), ca. 15 Minuten später das Tauernhaus. Von hier aus gelangt man in ca. 20 Minuten zur Hagener Hütte am Niederen Tauern.

Hagener Hütte (2448 m)

DAV-Sektion Hagen
Offen: Anfang Juli – Anfang Oktober
Zimmerlager/Betten: 14 Plätze
Matratzenlager: 25 Plätze
+43/(0)664/4036697

Tourenmöglichkeit: Vorderer Gesselkopf (2974 m, Gehzeit: 2 Std.)

Tauern – Handelswege der Vergangenheit

Ob der Name „Tauern“ vorslawischen Ursprungs ist und „hoher Berg“ bedeutet oder sich vom indogermanischen Wortstamm für „Stier“ ableitet – er galt als mythisches Tier der Hohen Tauern –, ist nicht eindeutig geklärt.
Im ursprünglichen Gebrauch der Einheimischen wurden mit „Tauern“ jedoch nicht die Gebirgsketten, sondern die Übergänge bezeichnet. Tauern waren alte Saumpfade, über die Salz, Metalle, Loden und Leder nach Süden und Wein, Gewürze und Öl nach Norden transportiert wurden. Der Korntauern zwischen Mallnitz und dem Gasteiner Tal war in der Römerzeit der höchste befahrbare Alpenübergang. Auch der Übergang Niederer Tauern (auch Mallnitzer Tauern genannt), zu dem wir am dritten Tag unserer Tour gelangen, wurde schon von den Kelten und Römern benutzt.
Seit dem Mittelalter wurden Tauernhäuser im gesamten Bereich der Hohen Tauern als wichtige Stützpunkte des Handelsverkehrs gebaut. Diese hatten die Aufgabe, Reisende zu beherbergen, in Notsituationen Hilfe zu leisten, nach Verirrten zu suchen sowie die Wege zu markieren und in Stand zu halten.

Tauerntal

Hagener Hütte – Niedersachsenhaus

Hagener Hütte — 2 Std. — Sportgastein/Haus Valerie — 2 Std. — Niedersachsenhaus

2448 m — 1589 m — 2472 m

4 Std.
↗ 900 Hm
↘ 860 Hm

Charakteristik: Landschaftlich sehr reizvolle und abwechslungsreiche Tour! Einige seilversicherte Stellen am Anstieg zum Niedersachsenhaus, die bei guten Bedingungen jedoch problemlos zu überwinden sind.
Einkehr/Übernachtung: Haus Valerie, Niedersachsenhaus
Ein- bzw. Ausstiegsmöglichkeit: Sportgastein (mit Bussen vom Bahnhof Taxenbach erreichbar)

Von der Hagener Hütte folgt man dem Weg mit der Beschilderung „Sportgastein“, der auf Steinen und Holzpflöcken rot-weiß-rot markiert ist. Der Abstieg ist relativ steil und sehr direkt, er führt durch Steinlandschaften und Wiesen. Nach etwa 1¼ Stunden erreicht man den Talboden und gelangt auf einen Forstweg. Dieser führt flach durch den Talgrund des Nassfelds hinaus und kommt an einigen Almen vorbei, die selbst erzeugte Almprodukte anbieten.

Nach ca. 45 Minuten kommen wir zum großen Parkplatz von Sportgastein. Am Ende des Parkplatzes befindet sich das „Haus Valerie“, hinter dem der Weg westwärts in das Siglitztal Richtung Niedersachsenhaus führt. Wir wandern dem

Blick in Richtung Sportgastein mit dem Haus Valerie

Bach entlang etwa 40 Minuten mit geringer Steigung ins Tal hinein, bis der ruhige Bach zu einem Wasserfall wird und der Weg entsprechend ansteigt. In steilem Zickzack wird der Hang neben dem Wasserfall überwunden. Nach 25 Minuten erreicht man eine kurze, seilversicherte Passage, in der man ohne größere Schwierigkeiten die Felsen durchqueren kann. Der Weg steigt ein weiteres Mal stark an, dann gelangt man in flacheres Weideland und sieht die Hütte hoch oben am Felsen thronen. Nach einer letzten steilen Steigung kurz unterhalb der Hütte erreichen wir das Niedersachsenhaus.

Niedersachsenhaus (2472 m)

DAV-Sektion Hannover
Offen: Ende Juni – Ende September
Zimmerlager/Betten: 12 Plätze
Matratzenlager: 46 Plätze
+43/(0)664/9143440

Tourenmöglichkeiten:
Schareck (3123 m, Gehzeit: 3 Std.), Herzog-Ernst-Spitze (2933 m), Hoher Sonnblick (3106 m, Gehzeit: 5 Std.)

Am Weg zum Niedersachsenhaus

Niedersachsenhaus – Wörth

Niedersachsenhaus		Kolm-Saigurn		Bodenhaus		Wörth	
2472 m	1½ Std.	1596 m	1 Std.	1230 m	2½ Std.	958 m	5 Std. ↗ 40 Hm ↘ 1510 Hm

Charakteristik: Landschaftlich sehr lohnende Tour von der Gletscherwelt des Sonnblicks ins Tal nach Wörth. Anfangs steiler Abstieg mit einigen Seilversicherungen, dann breite, ebene Wege.

Einkehr/Übernachtung: Gasthof Ammererhof, Gasthof Bodenhaus
Ausstiegsmöglichkeit: Wörth (Busverbindungen nach Rauris und weiter zum Bahnhof Taxenbach)

Der Weg nach Kolm-Saigurn ist ab der Hütte beschildert. Anfangs führt er für ca. 5 Minuten über den breiten Grat Richtung Norden bis zu einer Abzweigung, wo man den linken Weg ins Tal hinunter wählt. Nach weiteren 5 Minuten gelangt man an eine seilversicherte Passage, dann fällt der Weg über Wiesen und Weiden weiter ab. Man achte auf die Markierungen! Nach insgesamt einer Stunde trifft der Steig auf einen breiteren, beschilderten Weg, dem man weiter in Richtung Kolm-Saigurn folgt, das man nach einer ½ Stunde erreicht. Dort befindet sich vor dem Gasthof Ammererhof eine Bushaltestelle, von der aus mehrmals täglich Busse nach Wörth und Rauris verkehren.

Man wandert anfangs weiter über den Fahrweg talauswärts, bis man nach 20 Minuten den Lenzanger-Parkplatz erreicht, wo sich ein Nationalpark-Informationsstand befindet. Am Ende des Parkplatzes nehmen wir den nach links abzweigenden „Knappenweg“, der durch den „Rauriser Urwald“ führt. Nachdem man ihm wenige Minuten gefolgt ist, gelangt man an eine Abzweigung und geht nach links weiter (der rechte Weg bringt einen zurück zur Straße). Bei weiteren Abzweigungen handelt es sich lediglich um Abkürzungen, man bleibt also am Hauptweg, bis man nach ca. einer ½ Stunde zur Straße kommt. Nach wenigen Metern sticht der „Knappenweg“ wieder nach links in den Wald, überquert zweimal den Bach und trifft nach weiteren 10 Minuten bei der Mautstation wieder auf die Straße. Unmittelbar dahinter befindet sich ein Parkplatz beim Alpengasthof Bodenhaus, den man eine ¾ Stunde nach dem Lenzanger-Parkplatz erreicht.

Von hier folgt man der alten Rauriser Straße, die direkt beim Bodenhaus nach links abzweigt und heute ein Rad- und Wanderweg ist. Sie führt eben bis leicht fallend auf der linken Talseite durch das Tal hinaus. Der Verkehr auf der neuen Straße ist kaum spürbar und so wird dieser Abschnitt zu einer schönen Talwanderung. Nach 1¼ Stunden erreicht man Bucheben.

Ab hier folgt man dem schönen Rad- und Wanderweg, der als „Rauriser Radweg“ beschildert ist, passiert die Einödkapelle und gelangt nach weiteren 1¼ Stunden nach Wörth.

Tourismusinfo Raurisertal
Kirchplatz 1, 5661 Rauris
+43/(0)6544/20022
info@raurisertal.at
www.raurisertal.at

Alpensalamander

Rauriser Urwald

Hinter dem Namen „Rauriser Urwald" verbirgt sich ein 800 Jahre alter Sturzwald und das einzige Hochmoor der Alpen. Über 80 Moortümpel und Teiche sind über das Gebiet verstreut. Die Vegetation ist weitgehend naturbelassen und die Tierwelt größtenteils geschützt. So leben im Nadelwald aus Tannen, Fichten, Lärchen und Föhren nicht nur zahlreiche Rotwild-Exemplare, sondern auch Eulen, Auerhähne und viele andere Arten. Die Moorlandschaft ist für den Alpensalamander ein Paradies, auf den Wiesen vergnügen sich Murmeltiere, in den Felsen Gämsen und Mufflons – und auch der Steinbock wurde erfolgreich wieder angesiedelt. Im Sommer nisten Gänse-, Bart- und Weißkopfgeier mit Flügelspannen bis zu zweieinhalb Metern um den Gipfel des Hocharn, um im Herbst in den Balkan weiterzufliegen.
Der „Knappenweg" führt durch Teile des Rauriser Urwaldes. Wer tiefer eintauchen möchte, kann entweder vom Ammererhof bis zum Parkplatz Lenzanger in Kolm-Saigurn einem Lehrpfad folgen oder vom Parkplatz aus die gesamte Rundwanderung entlang dieses Pfades durch den Urwald begehen. Der Rundweg ist mit 13 Erklärungstafeln ausgestattet, man sollte sich ein bis zwei Stunden Zeit nehmen. Die Durchwanderung dieser Urlandschaft ist ein geradezu mystisches Erlebnis, besonders an verregneten Tagen!
Man kann diesen Abstecher durch einen Besuch im kleinen Waldmuseum ergänzen. Es informiert nicht nur über Flora und Fauna, sondern auch über die geologische Entstehungsgeschichte des Gebietes.

Goldbergbau im Rauriser Tal

Das Rauriser Tal ist heute eines der wenigen Tauerntäler, das dauerhaft besiedelt ist. Es weist eine lange Geschichte auf. Verschiedene Funde belegen, dass die Wege über den Rauriser Tauern (Hochtor) schon sehr früh begangen worden sind. Wörth war nachweisbar bereits Anfang des 13. Jahrhunderts ein wichtiger Umschlagplatz für Fuhrwerk- und Saumverkehr über die Tauern nach Süden durch das Seidlwinkltal und ins Bergbaugebiet im Hüttwinkl. Der Zugang übers Seidlwinkltal zum Hochtor war im Vergleich zu anderen Tauernübergängen länger passierbar, was zur Errichtung des Rauriser Tauernhauses führte, das heute noch original erhalten ist.

Schon zu Zeiten der Kelten und Römer wurde im Gebiet des heutigen Nationalparks nach Gold und Silber geschürft. Mitte des 15. Jahrhunderts setzte ein regelrechter Goldrausch ein und das Tal erlangte große Bedeutung. Rauris zählte über 100 Jahre zu den wichtigsten Goldbergbauzentren Europas. Heute noch zeugen Gewerkenhäuser mit Kielbogentoren und Erkern von dem damaligen Wohlstand. Doch durch die zunehmende Konkurrenz aus Amerika, die schwierigen Verhältnisse der hoch liegenden Stollen und die Gletschervorstöße im 18. und 19. Jahrhundert war der Abbau nicht mehr rentabel und wurde eingestellt. Heute können Besucher wieder ihr Glück als Goldwäscher versuchen und vielleicht sogar ein Körnchen Tauerngold als Souvenir von der Wanderung mitnehmen.

Im Angesicht des Großglockners

Wörth – Heiligenblut

Wörth		Rauriser Tauernhaus		Hochtor		Heiligenblut
	3¾ Std.		3 Std.		1¾ Std.	
958 m		1526 m		2576 m		1291 m

8½ Std.
↗ 1620 Hm
↘ 1290 Hm

Charakteristik: Diese Tour führt über historische Säumerwege durch das Seidlwinkltal und über die Wetterscheide des Hochtors nach Heiligenblut. Technisch einfache, aber sehr lange Wanderung. Es besteht die Möglichkeit, sie in zwei Tagesetappen zu unterteilen.

Einkehr/Übernachtung: Rauriser Tauernhaus (keine Übernachtung), Abstecher zum Fuschertörlhaus für Übernachtung möglich, Wallackhaus

Ein- bzw. Ausstiegsmöglichkeiten: Wörth (über Rauris), Heiligenblut, Fuschertörlhaus (über Großglockner-Hochalpenstraße)

Litzlhofalm

Von Wörth aus folgt man der Straße, die mit „Seidlwinkltal" ausgeschildert ist. Sie zweigt direkt nach der Brücke nach rechts in Richtung Westen ab. Die Wanderung führt entlang der Seidlwinklache, beim Weixenwirt vorbei bis zum Parkplatz „Fleckweide", den man nach ca. 1½ Stunden erreicht.

Hinter dem Parkplatz betritt man wieder den Nationalpark und wandert auf einem Schotterweg weiter. Dieser verläuft flach durch das schöne Tal, das zu beiden Seiten von beeindruckenden Wasserfällen gesäumt ist. Man passiert die Gol-

lehen- und Palfneralm, die zu gemütlichen Pausen einladen. Nach etwa 1¾ Stunden kommen wir zum Rauriser Tauernhaus, das nahezu 500 Jahre alt ist!

Der weiterführende Weg ist schmaler und ansteigend, die Seidlwinklache, der er folgt, wird zu einem rauschenden Gebirgsbach. Nach 50 Minuten passiert man die Litzlhofalm. Die Route ist über die ganze Strecke markiert, jedoch ohne Hinweisschilder. Nach den Almen wird eine Steigung überwunden, um die Hochebene zu erreichen. Dort sieht man die Großglockner-Hochalpenstraße.

Man folgt auch hier stets den Markierungen! In dieser Höhe liegt oft sehr lange Schnee. Der Weg ist daher neben Markierungen auf Steinen auch durch markierte Stöcke gekennzeichnet! Bei schlechten Wetterbedingungen kann die Orientierung im Gelände dennoch schwierig sein!

Zwei Stunden, nachdem man das Tauernhaus passiert hat, gelangt man zu einer Abzweigung. Der rechte Weg führt zum Fuschertörlhaus, unsere Route folgt dem Abzweiger nach links Richtung Hochtor.

Variante:

Falls man diese lange Etappe in zwei Tagestouren teilen möchte, besteht die Möglichkeit, im Fuschertörlhaus zu übernachten. Um diese Hütte zu erreichen, müssen jedoch noch einmal 400 Höhenmeter aufwärts und 170 Höhenmeter abwärts überwunden werden.

Fuschertörlhaus (2445 m)

Privat
Offen: Mai bis Oktober
Zimmerlager/Betten: 30 Plätze
+43/(0)6545/7420

Nach 50 weiteren Minuten auf dem Steig trifft dieser kurz vor dem Tunnelportal des Hochtors die Hochalpenstraße. Der Weg steigt links vor dem Tunnel 70 Höhenmeter an, immer entlang der markierten Stöcke. Nach 15 Minuten erreicht man das Tunnelportal der anderen Seite und erblickt weiter unten das Wallackhaus. Während sich die Straße in Serpentinen über die Hänge nach unten windet, verlaufen die Abkürzungen durch die Wiesen meist in der Falllinie des Hanges und kreuzen so die Straße immer wieder. Man orientiert sich an den Markierungen in Richtung Wallackhaus, das man nach 25 Minuten erreicht.

Dahinter folgt man weiter dem markierten Steig, der in einer Unterführung die Straße quert und dann am Hang verläuft. Nach dieser Unterführung ist der Weg klar erkennbar und weit voraussehbar, vorher manchmal etwas undeutlich, aber die Richtung ist nicht zu verfehlen.

Nach ca. 25 Minuten kommt man wieder zur Großglockner-Hochalpenstraße und zu den Häusern des Kaserecks. Achtung: Hier folgt unsere Route nicht der Markierung gerade über den Parkplatz, sondern für ca. 50 Meter der Straße abwärts, wo wir dann nach rechts auf einen Feldweg einbiegen. Von diesem zweigt nach wenigen Metern links ein Steig Richtung Heiligenblut ab, dem wir folgen. Ab hier ist der Weg beschildert und führt durch den Wald, an manchen Stellen sehr steil, bis ins Tal nach Heiligenblut.

Großglockner (3798 m)

Majestätisch erhebt sich der Großglockner.

Der Großglockner ist mit 3798 Metern der höchste Berg Österreichs. Im 16. Jahrhundert wurde er erstmals unter dem Name „Glocknerer" bzw. „Gloggner" urkundlich und in einem Atlaswerk erwähnt.

Obwohl Funde belegen, dass Menschen bereits vor 5000 Jahren Alpenpässe überquerten, wurde erst in der Zeit der Aufklärung (18. Jh.) die allgemeine Angst vor dem Gebirge durch den neu erwachten Forscherdrang überwunden und die Gipfel der Alpen erobert. Es waren wagemutige Kerle, von einer Mischung aus wissenschaftlicher Neugier und Abenteuerlust getrieben, die sich auf den Weg in eine unbekannte neue Welt machten, ohne Landkarten, markierte Steige, Schutzhütten oder taugliche Ausrüstung.

1786 wurde die Erstbesteigung des höchsten Berges der Alpen, des Montblanc (4809 m), gefeiert. Die Aufregung um dieses Ereignis ermutigte den aufgeklärten Kärntner Fürstbischof Franz Xaver Graf von Salm-Reifferscheid (1749–1822), die Erstbesteigung des Großglockners in die Wege zu leiten. Hierbei standen neben der alpinen Erfahrung auch wissenschaftliche Interessen im Vordergrund. Beim zweiten Versuch, am 27. Juli 1800, gelang schließlich die Besteigung von der Heiligenbluter Seite. 1855 wurde der Glockner von Kals aus erstbestiegen.

Heiligenblut

Um 1800 – damals wurde der Großglockner zum ersten Mal von Heiligenblut aus bestiegen – wurde dieser Ort so beschrieben: „Eine gotische Kirche, zwei gemauerte Häuser, acht bis zwölf hölzerne Hütten und 15 Kirschbäume."
Heute leben rund 1200 Einwohner in den elf Ortschaften, aus denen sich die Gemeinde Heiligenblut zusammensetzt. Bekannt und beliebt ist Heiligenblut wegen seiner einzigartigen Lage inmitten der Bergwelt. Der Ursprung des Namens geht auf die Legende vom heiligen Briccius zurück. Dieser dänische Prinz soll um 914 auf seiner Heimreise von Konstantinopel durch das Gebiet gekommen und von einer Lawine verschüttet worden sein. Als ihn Bauern fanden und begraben wollten, weigerte sich sein Bein standhaft, unter der Erde zu bleiben. Da entdeckte man, dass in einer Wadenwunde ein Fläschchen mit dem Blute Christi eingewachsen war. Auf diese Weise hatte Briccius versucht, es vor Räubern zu schützen. Die Reliquie befindet sich heute im Sakramentshaus der im 15. Jahrhundert errichteten Pfarrkirche des heiligen Vinzenz.

Tourismusverband Heiligenblut
Hof 4, A-9844 Heiligenblut
+43/(0)4824/2001-21
office@heiligenblut.at
www.heiligenblut.at

Heiligenblut – Elberfelder Hütte

Heiligenblut 1291 m — ½ Std. — Heiligenblut/Winkl 1266 m — 3¾ Std. — Elberfelder Hütte 2348 m

4¼ Std.
↗ 1100 Hm
↘ 60 Hm

Charakteristik: Schöne Halbtagestour – einfach und technisch unschwierig – durch das einsame Gößnitztal in das Herz der Schobergruppe.
Achtung: Proviant für die nächsten zwei Tage einpacken, keine Einkaufsmöglichkeiten!
Einkehr/Übernachtung: Elberfelder Hütte
Einstiegsmöglichkeit: Heiligenblut

Man verlässt den Ortskern Heiligenblut taleinwärts in nordwestlicher Richtung, wandert über die Dorfstraße hinab in den Ortsteil Winkl, der im Talboden liegt. Dort überquert man die Möll und folgt nun der Straße Richtung Talschluss, bis man nach insgesamt ca. 30 Minuten zu einer kleinen Kapelle gelangt. Hier zweigt unser Weg links ab und ist bis zum Tagesziel mit „Elberfelder Hütte“ beschildert.

Anfangs wandert man auf einem breiten, flachen Forstweg entlang, überquert den Gößnitzbach und zweigt kurz nach der Brücke nach links ins Gößnitztal ab. Am Taleingang wird nun ein steiler Anstieg überwunden, der von einem flacheren Teilstück abgelöst wird. Man quert wiederum den Gößnitzbach und gelangt ca. eine Stunde nach der Kapelle zu einer weiteren beschilderten Abzweigung. Hier nimmt man den rechten Weg. Bevor man das Bachbett erreicht, zweigt ein schmaler, markierter Steig nach links ab. Diesem folgt man, überquert erneut den Gößnitzbach und steigt an der gegenüberliegenden Hangseite an. Nach dieser Steigung führt der Weg, hoch über dem Bachbett dem Hang entlang, durch das sehr schöne Tal bis zum Talschluss. Dort quert man den Bach ein letztes Mal und gelangt zur Elberfelder Hütte.

Elberfelder Hütte (2348 m)

DAV-Sektion Wuppertal
Offen: Anfang Juli – Mitte September
Zimmerlager/Betten: 12 Plätze
Matratzenlager: 46 Plätze
+43/(0)4824/2545
www.skybird.net/Elberfeld

Tourenmöglichkeiten:
Böses Weibl (3119 m, Gehzeit: 3 Std.), Gößnitzkopf (3096 m, Gehzeit: 3 Std.), Kreuzkopf (3103 m, Gehzeit: 2½ Std.)

Elberfelder Hütte – Hochschoberhütte

Elberfelder H. – Gößnitzscharte – Lienzer H. – Leibnitztörl – Hochschoberhütte

Elberfelder H.		Gößnitzscharte		Lienzer H.		Leibnitztörl		Hochschoberhütte
2348 m	1¾ Std.	2732 m	1½ Std.	1974 m	2¼ Std.	2591 m	¾ Std.	2322 m

6¼ Std.
↗ 1010 Hm
↘ 1030 Hm

Charakteristik: Spannende Tour mit sagenhaften Ausblicken auf die 3000er rund ums Debanttal! Man wandert auf schmalen Steigen durch hochalpines Gelände und muss auf die Markierungen achten!
Einkehr/Übernachtung: Lienzer Hütte, Hochschoberhütte
Mögliche Gipfelbesteigung: Glödis (3206 m)

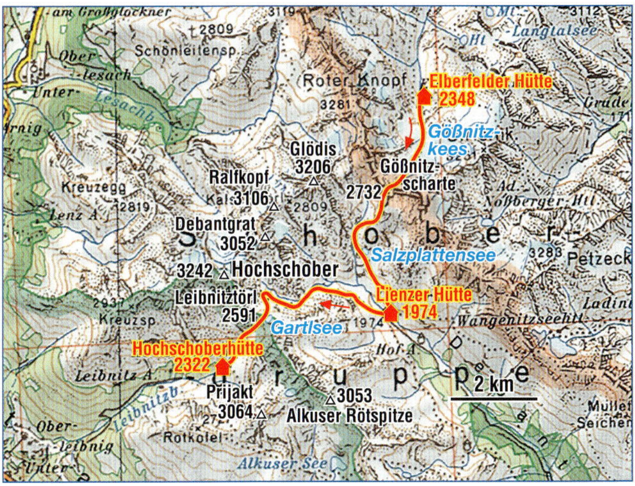

Von der Elberfelder Hütte folgt man der Beschilderung „Gößnitzscharte/Lienzer Hütte“. Der Weg steigt insgesamt 400 Höhenmeter bis zur Scharte an. Dabei folgt er anfangs der Richtung des Tales. Nach etwa einer Viertelstunde gelangt man an eine Abzweigung, an der man dem markierten Weg, der den Gößnitzbach begleitet, folgt. Nach diesem ersten Anstieg erreicht man einen See, der aus dem Gletscherfeld des Gößnitzkeeses gespeist wird. Der Weg führt weiter zwischen Gesteinsbrocken, die Markierungen sind zahlreich, jedoch nicht immer ganz leicht auszumachen. Es ist wichtig, vorausblickend zu gehen, um den Weg, der nicht immer als solcher erkenntlich ist und über große Steinblöcke führt, nicht aus den Augen zu verlieren. Die Gößnitzscharte erreicht man nach ca. 1½ Stunden. Von hier aus hat man einen grandiosen Ausblick in das Debanttal mit seinen Dreitausendern: Alkuser Rötspitze, Hoch- und Kleinschober sowie Glödis.

Auf der anderen Seite der Scharte fällt der Weg ab, ist hier besser ausgetreten und einfacher zu finden. Er schwenkt in weitem Bogen nach links und führt hoch oben am Hang in das hintere Debanttal hinein. Nach 45 Minuten passiert man den Salzplattensee, 25 Minuten später ein großes Holzkreuz. Von hier erblickt man bereits die Lienzer Hütte im Talgrund, zu der man noch rund 20 Minuten absteigt.

Lienzer Hütte (1974 m)

OeAV-Sektion Lienz
Offen: Mitte Juni – Anfang Oktober
Zimmerlager/Betten: 33 Plätze
Matratzenlager: 54 Plätze
+43/(0)4852/69966
www.lienzerhuette.com

Tourenmöglichkeiten:
Glödis (3206 m, Gehzeit: 4 Std.), Hochschober (3242 m, Gehzeit: 4 Std.), Debantgrat (3052 m, Gehzeit: 4 Std.), Alkuser Rötspitze (3053 m, Gehzeit: 5 Std.), Ralfkopf (3106 m, Gehzeit: 4 Std.)

Von der Lienzer Hütte steigt man Richtung Schobertörl auf. Der Weg dorthin verläuft anfangs relativ flach an der südlichen Talseite den Hängen entlang. Auf einer Höhe von 2150 Metern gelangt man zu einer Abzweigung.

Mögliche Gipfelbesteigung
Von der Abzweigung aus kann man über das Kalser Törl den Glödis (3206 m) besteigen.

Die herrliche Steinpyramide des Glödis prägt das innere Debanttal.

Wir wandern jedoch geradeaus weiter. Dabei muss man auch die Beschriftungen auf den Steinen beachten und dem Weg weiter Richtung Süden folgen, der steil im Zickzack zu einem Kar, dem so genannten Gartl auf 2450 Metern, ansteigt. Der Weg führt von dort weiter in südlicher Richtung bis zu einer Schotterflanke. Kurz vor dem östlichen Leibnitztörl knickt ein Weg Richtung Westen ab und ist auf den Steinen mit „Schobertörl" angeschrieben – das ist die Route für den nächsten Tag. Heute geht es jedoch weiter über den anderen Weg Richtung Hochschoberhütte.

Dieser steigt an zum östlichen Leibnitztörl, dann fällt der Weg wiederum leicht über Steinblöcke ab zum Gartlsee und führt zum westlichen Leibnitztörl. Von hier steigt man über Felsplatten steil ab – der Weg ist zum Teil durch Fixseil und Klammern gesichert –, führt dann weiter über Steinblöcke und schließlich über flache Wiesen zur Hütte, die man nach einer ¾ Stunde erreicht.

Hochschoberhütte (2322 m)

OeAV-Sektion Wiener Lehrer
Offen: Mitte Juni – Mitte September
Zimmerlager/Betten: 12 Plätze
Matratzenlager: 45 Plätze
+43/(0)664/9157722
www.hochschoberhuette.at
harry_lucca@hotmail.com

Tourenmöglichkeiten:
Hochschober (3242 m, Gehzeit: 4 Std.), Prijakt (3064 m, Gehzeit: 2¾ Std.), Alkuser Rötspitze (3053 m, Gehzeit: 2¾ Std.)

Hochschoberhütte – Kals

Hochschoberhütte	Leibnitztörl	Schobertörl	Lesachalmhütte	Kals	
¾ Std.	1 Std.	2¾ Std.	1½ Std.		6 Std.
2322 m	2591 m	2898 m	1818 m	1324 m	↗ 663 Hm ↘ 1750 Hm

Charakteristik: Diese Tour führt über einsame Wege durch die Schobergruppe. Man umwandert das Schoberkees – hier ist der Weg nicht immer gut erkennbar, deshalb ist Achtsamkeit geboten! Vom hochalpinen Gelände gelangen wir zur bergbäuerlich geprägten Kulturlandschaft ins Tal.

Einkehr/Übernachtung: Lesachalmhütte, Kals

Ausstiegsmöglichkeit: Kals (mit öffentlichen Verkehrsmitteln leicht erreichbar)

Von der Hochschoberhütte folgt man dem Weg, über welchen man am Vortag gekommen ist, zum westlichen Leibnitztörl, über den Gartlsee und das östliche Leibnitztörl bis zum Wegkreuz, an welchem auf Steinen „Schobertörl" geschrieben steht. Diese Weggabelung erreicht man nach ca. 50 Minuten.

Nun steigt der Weg entlang einer Geröllflanke lang stetig an, bis man nach einer Stunde auf das Schobertörl gelangt. Hier hat man nach vorne einen faszinierenden Blick auf die Granatspitzgruppe und nach hinten auf die Schobergruppe.

Der Normalweg führt weiter über den Gletscher und sollte auf jeden Fall nur von Geübten mit geeigneter Ausrüstung begangen werden! Unsere Route folgt deshalb einer Variante und steigt direkt am Törl nordwärts an. Man folgt dabei blauen Markierungen in Richtung Debantgrat, bis man den Kamm erreicht und linker Hand rote Markierungen ins Tal hinabführen. Bei dieser Umgehung ist Achtsamkeit geboten, da der

Panoramablick vom Schobertörl in das Ralftal mit dem Hochschoberkees

Weg nicht besonders gut gekennzeichnet ist. Es ist manchmal nötig, stehen zu bleiben und nach der nächsten Markierung oder einem Steinmännchen Ausschau zu halten. Diese Route umrundet das Gletscherfeld und mündet beim Gletschertor wieder in den Normalweg ein.

Nun folgt man einem schmalen, markierten Weg aus dem Tal hinaus. Der Weg ist gut erkennbar. Er verläuft zum Teil auf einem Rücken, zum Teil am Hang entlang nördlich des Baches aus dem Ralftal hinaus. Schließlich führt er in einen Wald und fällt etwas steiler im Zickzack ins Lesachtal ab. Wenn man den Forstweg erreicht, folgt man diesem nach rechts, überquert eine Brücke und sieht nach einer Kurve bereits die Lesachalmhütte vor sich.

Lesachalmhütte (1818 m)

Privat
Offen: Mitte Juni – Ende Sept.
Zimmerlager/Betten: 20 Plätze
+43/(0)664/9759996

Nach der Hütte folgt man dem Forstweg, der noch einmal kurz ansteigt, dann aber stetig abwärts aus dem Tal hinausführt (Beschilderung „Lesach/Kals“). Man beachte dabei die einzigartigen Blicke nach vorne auf den Muntanitz und die Granatspitzgruppe, rückwärts ragen Hochschober, Ralfkopf mit Debantgrat und Glödis in den Himmel.

Nach einer Stunde kommt man an einer Kapelle vorbei und geht kurz darauf eine Linkskehre aus. Etwa 150 Meter nach dieser Kehre zweigt ein schmaler Steig nach rechts in den

Wald ab, der mit „Abkürzung Kals“ (an einem Baum) ausgewiesen ist. Der Steig ist in der Folge mit roten Punkten markiert. Er trifft auf einen etwas breiteren Weg, der links nach Lesach und rechts nach Kals in den Ort führt. Man nimmt den Weg Richtung Kals, der auf die Straße trifft, welcher man weiter nach rechts in den Ortskern folgt. Diesen erreicht man etwa eine ½ Stunde, nachdem man die Kapelle passiert hat.

Kals am Großglockner

Kals hat ca. 1300 Einwohner und liegt auf 1324 Metern, am Fuße des Großglockners. Die Siedlungsstruktur weist viele typische Grundzüge einer alpenländischen Dorf- und Weilersiedlung auf. Manche Einödhöfe ziehen sich bis über 1700 Meter hinauf und sind teilweise in extremen Lagen angesiedelt. Der Ort ist eingebettet zwischen den Dreitausendern der Schober-, Glockner- und Granatspitzgruppe.
Da die nächste Tour kurz ist, kann man in Kals mit gutem Gewissen zumindest einen Vormittag verbringen. Hier nur zwei von vielen Vorschlägen zur Gestaltung:
Ein Besuch im Kalser Handwerksladen ist lohnend. Traditionelles Handwerk und bäuerliche Köstlichkeiten aus der Nationalparkregion verlocken zum Stöbern. Allerdings ist die Handwerksstube nur stundenweise oder nach telefonischer Voranmeldung geöffnet (+43/(0)4876/8213, 8319 oder 8494).
Ganz andere Aspekte der Region zeigt die Ausstellung „Im Banne des Großglockners“, die im Jahr 2000 anlässlich des 200-Jahr-Jubiläums der Großglockner-Erstbesteigung eröffnet wurde. Sie bringt dem Besucher die einzigartige Natur- und Kulturlandschaft rund um diesen mächtigen Berg eindrucksvoll näher (Ausstellung im Glocknerhaus, Informationen dazu erhält man über den Tourismusverband).

Tourismusinformation Kals
Glocknerhaus, Ködnitz 7
Montag bis Freitag 8.30–12 Uhr
und 14–18 Uhr,
Samstag 8.30–12 Uhr
+43/(0)4876/8800
www.kalsamgrossglockner.info

Nationalpark-Infostelle Kals
Glocknerhaus, Ködnitz 7
Offen: Anfang Juli – Mitte Sept.
Montag bis Freitag 9–12 Uhr
und 15–18 Uhr
+43/(0)4876/8370 oder
+43/(0)4875/5161

Kals – Kalser Tauernhaus

Kals		Ghf. Taurer		Bergeralm		Kalser Tauernhaus	
1324 m	1 Std.	1489 m	¾ Std.	1636 m	½ Std.	1754 m	2¼ Std. ↗ 420 Hm ↘ 40 Hm

Charakteristik: Eine kurze, gemütliche Tour, bei der man staunend über die Schönheiten der Daberklamm und des Kalser Dorfer Tales wieder Kräfte tanken kann.
Achtung: Während der nächsten sechs Tage gibt es keine Möglichkeit, Proviant zu kaufen! Daher unbedingt in Kals einkaufen!
Einkehr/Übernachtung: Gasthof Taurer, Bergeralm, Kalser Tauernhaus
Einstiegsmöglichkeit: Kals (mit öffentlichen Verkehrsmitteln leicht erreichbar)

Vom Ortszentrum Kals folgt man der asphaltierten Straße Richtung Großdorf, direkt vor dem Kalserbach zweigt man nach rechts zum „Mühlenweg“ ab. (An der Abzweigung befindet sich ein Sackgassenschild.) Wir wandern dem Kalserbach entlang und erreichen nach ca. 10 Minuten mehrere Stockmühlen mit langer Geschichte. Der Weg ist ab hier mit „Taurer“ beschildert. Es bieten sich hier mehrere Möglichkeiten an, wie z. B. ein Öko-Kinderlehrpfad oder „Taurer über Gschlöss“, die dasselbe Ziel haben und man nach eigenen Vorlieben wählen kann. Im Groben folgen die Wege dem Kalserbach und erreichen nach etwa einer Stunde den Gasthof Taurer.

Kals mit Großglockner

Stockmühlen

Gezimmerte Stockmühlen mit außen liegendem Wasserrad und Mahlsteinen aus Granit waren in Osttirol bis zur Mitte des 20. Jh. weit verbreitet und viel genutzt. Durch den Strukturwandel in der Landwirtschaft verloren sie aber ihre Funktion und waren meist dem Verfall preisgegeben. Dasselbe Schicksal drohte auch den sechs Stockmühlen am Dorferbach, die 300 Jahre alt sind und von handwerklichem Geschick und einer langen Tradition zeugen. Bis in die 50er-Jahre wurde damit regelmäßig Korn gemahlen, doch dann lagen sie fast zwei Jahrzehnte lang brach und verfielen. In den 70er-Jahren wurde jedoch ihr Wert erkannt eine Initiative gestartet, um dieses alte Kulturgut zu schützen und zu bewahren. Mit Hilfe des Denkmalamtes und des Nationalparks konnten die Mühlen repariert und wieder in Gang gesetzt werden. Heute sind sie bedeutende Kleinode und Zeugen einer bergbäuerlichen Kultur.
Im Sommer finden Schau-Vorführungen statt (Termine sind beim Tourismusamt Kals zu erfragen).

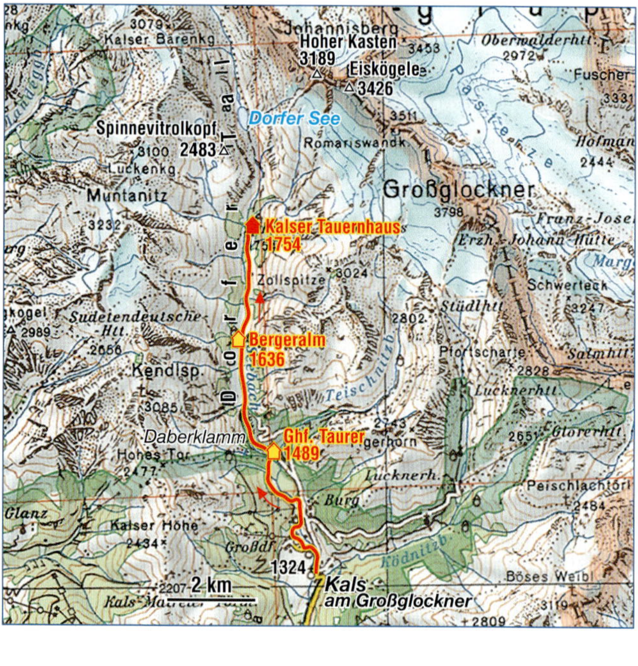

Eingang ins Dorfer Tal durch die Daberklamm

Von dort führt ein breiter Weg mit geringer Steigung ins Dorfer Tal hinein, der sich in der Daberklamm verengt. Die Einblicke in die steile Klamm, in der weit unten das Wasser tost, sind faszinierend. Der Wanderweg ist gut gesichert und führt nach der Klamm weiter eben in das Tal hinein, das sich zu erstaunlich großen Weideflächen weitet. Nach 40 Minuten kommt man an der Bergeralm vorbei, 35 Minuten später erreicht man das Kalser Tauernhaus.

Kalser Tauernhaus (1754 m)

DAV-Sektion Mönchengladbach
Offen: Anfang Juni – Mitte Oktober
Zimmerlager/Betten: 20 Plätze
Matratzenlager: 28 Plätze
+43/(0)664/9857090
www.kalser-tauernhaus.de

Tourenmöglichkeiten:
Spinnevitrolkopf (2483 m, Gehzeit: 2½ Std.), Eiskögele (3426 m, Gehzeit: 5½ Std.), Hoher Kasten (3189 m, Gehzeit: 6 Std.)

Wenn man diese kurze Tour noch etwas verlängern will, bietet sich ein Abstecher zum Dorfer See (1935 m) an, der weiter taleinwärts liegt.

Dorfer Tal

Der Weg in das Dorfer Tal hat für viele Nationalparkwanderer eine besondere Bedeutung. Hier konnte nämlich ein großer Staudamm mit fast 200 Metern Höhe, der das ganze Tal mit Wasser füllen sollte, verhindert werden. Unterwegs findet man eine Markierung, die auf die Höhe des geplanten Wasserstandes aufmerksam macht. Nachdem das Staudammprojekt abgeblasen worden war, wurde das ausgesprochen schöne Tal mit Wasserfällen auf beiden Seiten, die den Weg säumen, und grünen, weiten Weideflächen in den Nationalpark aufgenommen. Neben den Naturschönheiten stehen auch alte, sehr sehenswerte Almhütten in dem Tal.

Der im Talschluss des Dorfer Tales gelegene Dorfer See

Kalser Tauernhaus – Sudetendeutsche Hütte

Kalser Tauernhaus	Muntanitzschneid	Gradötzsattel	Sudetendeutsche H.	
1754 m	ca. 2530 m	2826 m	2656 m	4½ Std.
1¾ Std.	2 Std.	¾ Std.		↗ 1070 Hm ↘ 180 Hm

Charakteristik: Landschaftlich spektakuläre Spitzentour mit Gletscherblick! Einige seilversicherte Stellen, die bei guten Verhältnissen leicht zu überwinden sind – weitab von jeder nächsten Straße – daher keine Ein- und Ausstiegspunkte!
Einkehr/Übernachtung: Sudetendeutsche Hütte

Unterwegs auf einsamen Wegen zur Sudetendeutschen Hütte

Die Sudetendeutsche Hütte ist bereits ab dem Kalser Tauernhaus beschildert. Man folgt dem breiten Weg, an dem das Tauernhaus liegt, ca. 100 Meter taleinwärts, dann zweigt nach links über eine Brücke der Weg zur Hütte ab. Er führt durch dichten Wald im Zickzack steil bergauf und man überwindet einen ersten steilen Anstieg, bevor sich der Weg dann wieder relativ flach durch Hochweiden windet. Die Hauptrichtung ist ab nun talauswärts, bis man zu einer Weggabelung gelangt. Der Weg, der hier geradeaus weiterführt, geht zurück zur Bergeralm, die man am Vortag passiert hat. Unsere Route steigt steil nach rechts über den Hang an (Richtung „Sudetendeutsche Hütte"). Bevor man die Muntanitzschneid erreicht, passiert man einen kurzen steilen Anstieg (ca. 15 Meter) über eine steinige und erdige Flanke, die mit Stahlseilen gesichert ist.
Oben angekommen wird man mit einem fantastischen Blick auf den Großglockner und die Welt der Gletscher belohnt! Hier betreten wir wieder die Kernzone des Nationalparks.

Panorama des Glocknermassivs von Süden

Nach der Überschreitung der Muntanitzschneid führt der Weg in den Muntanitztrog, in dem sich zahlreiche Murmeltiere tummeln. Wir gehen diesen Trog aus, zuerst in westlicher Richtung über Wiesen, später über große Steinblöcke und Platten weiter bergauf. Dann dreht er in südwestlicher Richtung zur Plojwand und quert mehrere kleine Bachläufe, Wiesen und Geröll. Der Weg ist immer gut gekennzeichnet, wobei die Markierungen variieren (rote Punkte, rot-weiße Striche, rot-weiße Kreise). Schließlich steigt er im Zickzack zwischen zwei Felsblöcken über eine Rinne steil auf, führt dann weiter über Wiesen und Geröll, bis man nach 1¼ Stunden den Rücken der Plojwand auf 2684 Metern erreicht. Auch hier sollte man sich wieder einige Minuten Zeit nehmen und den Ausblick genießen!

Von hier führt der Weg weiter über Gletscherschliff und Schutt und ist manchmal nicht eindeutig auszumachen, die nächsten Steinmännchen und Markierungen auf hervorragenden Steinspitzen sind aber immer deutlich sichtbar. Nach

ca. 45 Minuten erreicht man den höchsten Punkt der Tour auf 2826 Metern, den Gradötzsattel, auf dem ein großes Steinmännchen thront. Der Rundumblick auf die umliegenden Gebirgsketten ist einzigartig! Wenn man ins Tal blickt, kann man den Osttiroler Ort Matrei erkennen.

Der Weg steigt über ein Geröllfeld zu einem kleinen See ab, verläuft weiter eben, dann über einen leichten Rücken und steigt auf der rechten Talseite noch einmal leicht an, bis man die Sudetendeutsche Hütte erblickt, die man ca. 45 Minuten nach dem Steinmännchen erreicht.

Sudetendeutsche Hütte (2656 m)

DAV-Sektion Sudeten
Offen: Ende Juni – Mitte/Ende Sept.
Zimmerlager/Betten: 23 Plätze
Matratzenlager: 32 Plätze
+43/(0)4875/6466
www.alpenverein-sudeten.de

Tourenmöglichkeiten:
Kleiner Muntanitz (3192 m, Gehzeit: 2 Std.), Großer Muntanitz (3232 m, Gehzeit: 2½ Std.), Gradötzspitze (3063 m, Gehzeit 1½ Std.), Vordere Kendlspitze (3085 m, Gehzeit: 2 Std.)

Sudetendeutsche Hütte – Gruben

Sudetendeutsche Hütte		Nussingschartl		Kessleralm		Felbertauernstr.		Gruben	
	1 Std.		1¼ Std.		1¼ Std.		1½ Std.		5 Std. ↗ 270 Hm ↘ 1690 Hm
2656 m		2741 m		1923 m		ca. 1400 m		1164 m	

Charakteristik: Nach dem langen und steilen Abstieg über viele Höhenmeter wird man auf der heutigen Etappe mit einer gemütlichen Wanderung durch das schöne Tauerntal belohnt. Im Steilstück ist bei Nässe Vorsicht geboten!

Einkehr/Übernachtung: Gruben, Matrei in Osttirol

Ausstiegsmöglichkeit: Gruben (Busse nach Matrei in Osttirol)

Von der Sudetendeutschen Hütte wandern wir auf dem Dr.-Karl-Jirsch-Weg Richtung Westen. Der Weg fällt zuerst leicht ab und steigt dann stetig über Wiesen an bis zum Nussingschartl, das man nach ca. einer Stunde erreicht. Vom Schartl hat man einen grandiosen Ausblick auf die Venedigergruppe!

Nun steigen wir über ein Schuttfeld ab (rot-weiße Markierungen). Bei Nässe ist Vorsicht geboten, da die Steine sehr

rutschig werden! Dann fällt der Weg über Wiesen in steilem Zickzack rund 400 Höhenmeter ab, führt kurz nach Westen dann wiederum in sehr steilen Serpentinen abwärts. Es zweigen immer wieder kleine Schafsteige nach Westen ab, die den Wanderer verwirren können. Man muss daher darauf achten, am Hauptweg zu bleiben und die Markierungen im Auge zu behalten sowie die Kessleralm, die am Gegenhang sichtbar wird, anzusteuern. Kurz vor der Alm überquert man den Petersbach und kommt auf einen breiteren Weg, der zwischen den Almhütten durchführt.

Nun wandern wir weiter Richtung Norden bis zur Bergstation einer Materialseilbahn. Dort verliert sich der Weg kurz, man muss die Wiese rechter Hand überqueren und gelangt an ein Waldstück, an dem bereits das nächste Schild steht und der Weg wieder besser erkennbar ist. Von dort führt ein Fußsteig durch Wald- und Weideflächen bis zur Oberen Taxeralm, zu der man nach einer ¾ Stunde kommt. Dem Forstweg, auf den man dort stößt, folgt man nach links und verlässt ihn bis zur Felbertauernstraße nicht mehr (ca. ½ Stunde). Bei den Abzweigungen achte man auf die Beschilderung „Felbertauernstraße“ bzw. „Matreier Tauernhaus“.

Panoramablick auf die Venediger- und Granatspitzgruppe. Im Vordergrund das Tauerntal.

Wir erreichen die viel befahrene Felbertauernstraße und folgen ihr ca. 100 Meter talauswärts (nach links) bis zu einem Park- und Rastplatz vor der nächsten Galerie an der gegenüberliegenden Straßenseite. Von dort führt ein Steig Richtung Matreier Tauernhaus abwärts. Man wandert auf diesem etwa 15 Minuten taleinwärts (nach Norden), überquert den Landeckbach und stößt kurz darauf auf den Tauerntalwanderweg. Diesem folgt man nun nach Süden, talauswärts. Der Weg fällt durch den Wald leicht ab, überquert ein weiteres Mal den Landeckbach und erreicht bei der Landecksäge das Ufer des Tauernbaches, das man in der Folge talauswärts begleitet. Wir wandern vorbei an grünen Weideflächen und überqueren nach etwa 25 Minuten bei Raneburg erneut den Tauernbach. Nach weiteren 25 Minuten passiert man die Bauernhöfe von Berg, zu denen der Weg leicht ansteigt. 10 Minuten später und 100 Höhenmeter tiefer kommt man in den Weiler Gruben. Das letzte Stück unserer Route folgt einer schmalen, asphaltierten Straße.

In Gruben gibt es einige Privatzimmer, die man auf jeden Fall vorher reservieren sollte. Informationen dazu erteilt der Tourismusverband Matrei. Alternativ kann man auch per Taxi oder Bus in den Ort Matrei fahren, wo das Übernachtungsangebot größer ist.

Auch eine Wanderung entlang des Tauerntal-Wanderweges nach Matrei ist schön und lohnend, dauert allerdings etwa weitere zwei Stunden.

Tourismusinformation
Matrei in Osttirol
Rauterplatz 1, 9971 Matrei i. O.
+43/(0)4875/6527
matrei@hohetauern-osttirol.at
www.matreiinosttirol.at

Gruben – Badener Hütte

Gruben	Katalalmen	Zedlacher Alm	Badener Hütte	
1164 m	1722 m	1842 m	2608 m	
1¾ Std.	¾ Std.	2 Std.		4½ Std. ↗ 1450 Hm ↘ 40 Hm

Charakteristik: Wenig begangene Tour in das Frosnitztal, die ins Herz der Venedigergruppe führt. Technisch einfache Wanderung, jedoch viele Höhenmeter aufwärts.

Einkehr/Übernachtung: Badener Hütte

Einstiegsmöglichkeit: Gruben (mit Bussen von Matrei in Osttirol aus erreichbar)

Blick über die grünen Wiesen des Frosnitztales

Der Weg ins Frosnitztal führt aus dem Zentrum des Weilers Gruben bergauf Richtung Westen in den engen Taleingang. Der breite Weg ist anfangs flach und steigt dann über Serpentinen steiler an. Nach ca. 1¾ Stunden erreicht man die Katalalmen, ca. eine ½ Stunde später die Mitteldorfer Alm, wo sich das Tal weitet. Wir wandern bis zur Zedlacher Alm, die vor uns bereits zu sehen ist, bleiben aber auf der rechten Bachseite.

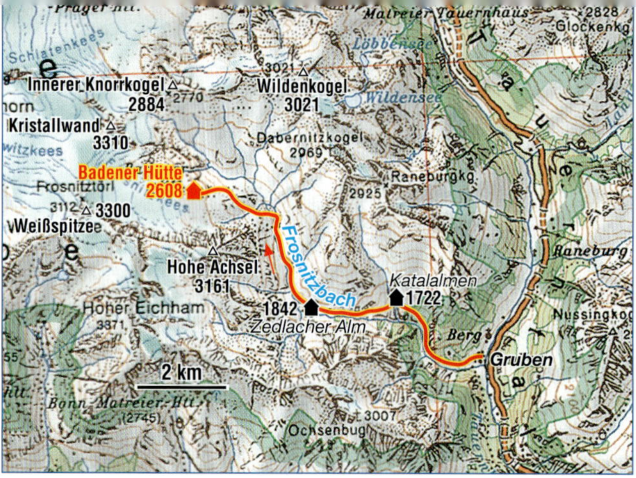

Nach den Almen folgt man dem Weg weiter entlang des Frosnitzbaches Richtung Norden, zuerst flach, dann über einen kurzen Anstieg, bis man eine Abzweigung erreicht. Man wählt den Wanderweg nach links, quert den Frosnitzbach und steigt steil über Wiesen zum kleinen Achselsee an. Bald nach dem See erreicht man eine markierte Abzweigung und geht weiter Richtung Norden. Nachdem wir den Gletscherbach überquert haben, kommen wir zu einer weiteren Weggabelung und folgen hier dem Weg Richtung Westen zur Badener Hütte. Dieser führt in steilem Zickzack über die Seitenmoräne des Gletschervorstoßes von 1850 bis zur Hütte, die man ca. zwei Stunden nach der Zedlacher Alm erreicht.

Badener Hütte (2608 Hm)

OeAV-Sektion Baden
Offen: Anf. Juli – Anfang/Mitte Sept.
Zimmerlager/Betten: 17 Plätze
Matratzenlager: 31 Plätze
43/(0)664/9155666

Tourenmöglichkeiten:
Kristallwand (3310 m, Gehzeit: 3 Std.), Weißspitze (3300 m, Gehzeit: 3½ Std.), Hohe Achsel (3161 m, Gehzeit: 3½ Std.), Innerer Knorrkogel (2884 m, Gehzeit: 2 Std.), Wildenkogel (3021 m, Gehzeit: 3½ Std.)

Badener Hütte – Neue Fürther Hütte

Badener Hütte		Löbbentörl		Alte Prager H.		Viltragenbach		Sandebentörl		Neue Fürther H.
	1 Std.		2½ Std.		1 Std.		2¼ Std.		1¼ Std.	
2608 m		2770 m		2489 m		ca. 2010 m		2751 m		2201 m

8 Std.
↗ 1070 Hm
↘ 1480 Hm

Charakteristik: Lange Tour mit einzigartigem Blick auf die Gletschermassen des Venedigers – einer der landschaftlichen Höhepunkte der Tour! Teilweise ausgesetzter Weg, Trittsicherheit erforderlich!

Einkehr/Übernachtung: Alte Prager Hütte (Jausenstation, von dort aus möglicher Abstecher zur Neuen Prager Hütte mit Übernachtungsmöglichkeit), Neue Fürther Hütte

Von der Badener Hütte folgt man dem Venediger-Höhenweg, der hinter der Hütte Richtung Nord-West zunächst flach bis leicht abfallend startet. Der Weg führt in felsiges, steiles Gelände und ist zum Teil ausgesetzt. Achtsames Gehen ist nötig, einige Stellen sind seilversichert. Nach dem felsigen Stück steigt der Weg unter dem Kristallwandkees leicht an,

bis man zu einer Abzweigung kommt. Man wählt den Weg Richtung Löbbentörl, das man bereits vor Augen hat. Bis zur Abzweigung geht man etwa eine ½ Stunde, von dort zum Törl ca. noch einmal so lange. Am Törl angekommen, eröffnet sich die gewaltige Gletscherwelt des Venedigermassivs, das zu einem der absoluten landschaftlichen Highlights der Tour zählt!

Nach dem Löbbentörl fällt der Weg steil bergab, durch eine seilversicherte Passage bis zu einem Firnfeld, das man über-

Spektakulärer Blick auf die Gletscherzunge des Schlatenkeeses am Weg zum Löbbentörl

quert. Wir wandern weiter über felsiges Gelände, das bei schlechten Bedingungen rutschig sein kann. Besondere Achtsamkeit ist geboten, um die Wegmarkierungen nicht aus den Augen zu verlieren. Man steigt ab, bis man an der mächtigen Seitenmoräne ankommt, wo sich der Gletscherbruch besonders einprägsam studieren lässt. Der Weg führt am Scheitel der Seitenmoräne entlang weiter abwärts, bis zu einer Abzweigung, wo ein Abstecher direkt auf das Gletscherfeld des Schlatenkeeses führt.

Variante:

Für geübte Wanderer mit Gletschererfahrung und geeigneter Ausrüstung ist es möglich, hier eine Variante über den markierten Gletscherweg zu gehen. Sie führt über den relativ spaltenarmen Unteren Keesboden des Schlatenkeeses. Bis zur Alten Prager Hütte geht man ab hier etwa 1¼ Stunden.

Alte Prager Hütte (2489 m)

DAV-Sektion Oberland
Offen: Mitte Juli – Mitte September. Wegen der geplanten Umbau- und Renovierungsarbeiten ist derzeit keine Übernachtung möglich (Stand März 2007).
+43/(0)664/4228500
www.alte-prager-huette.at

Das Auge Gottes

Die Normalroute folgt weiter der Moräne bis zur Kreuzung mit dem OeAV-Gletscherweg, wo man nach links zur Prager Hütte abzweigt. Rechts des Weges liegt ein kleiner See, der aufgrund seiner besonderen Form den Namen „Auge Gottes“ bekommen hat. Der Weg führt über die Seitenmoräne hinab zum Bachbett. Der gesamte Abstieg vom Löbbentörl dauert etwa 1½ Stunden.

Dann folgt man dem OeAV-Gletscherweg über den vom Gletscher geschliffenen Felsen. Er führt aufwärts, tritt aus den Felsen in Almböden und steigt weiter an bis zu einer Weggabelung, die man nach etwa 35 Minuten erreicht. Man nimmt den aufwärts führenden Weg zur Alten Prager Hütte und ist nach weiteren 25 Minuten dort angekommen.

Hinweis:
Wenn diese lange Etappe in zwei Tagestouren unterteilt wird, besteht die Möglichkeit, von hier aus etwa eine Stunde weiter zur Neuen Prager Hütte zu gehen, die Übernachtungsmöglichkeiten bietet.

Neue Prager Hütte (2796 m)

DAV-Sektion Oberland
Offen: Anfang Juni – Ende Sept.
Zimmerlager/Betten: 56 Plätze
Matratzenlager: 39 Plätze
+43/(0)4875/8840
info@neue-prager-huette.at
www.neue-prager-huette.at

Setzt man die Tour fort, folgt man weiter dem Venediger-Höhenweg und gelangt nach etwa 15 Minuten an eine seilversicherte Stelle. Der Weg führt um den Vorderen Kesselkopf herum durch steil abfallendes Gelände abwärts. Circa eine Stunde, nachdem man die Alte Prager Hütte hinter sich

Das Venedigermassiv, gesehen am St. Pöltener Westweg mit (v. l. n. r.) Kristallwand, Hohem Zaun, Schwarzer Wand sowie Groß- und Kleinvenediger

Überschreitung eines Schneefeldes kurz unterhalb des Sandebentörls

gelassen hat, überquert man eine Brücke über den Viltragenbach, wo sich auf einem Stein ein Wegweiser befindet. Man folgt dem Weg weiter taleinwärts Richtung Westen, bevor er dann im steilen Zickzack wieder hinaufführt. Nach einem ersten steilen Anstieg gelangt man zu einer Abzweigung, an der man den Fürther Weg Richtung Osten weiter zum Sandebentörl wählt. Vom Törl steigt man zur Fürther Hütte ab, der Weg führt über Geröllbrocken und ist gut markiert.

Neue Fürther Hütte (2201 m)

DAV-Sektion Fürth
Offen: Mitte Juni – Ende September
Zimmerlager/Betten: 33 Plätze
Matratzenlager: 44 Plätze
+43/(0)6562/8390
www.alpenverein-fuerth.de/huette.htlm

Tourenmöglichkeiten:
Larmkogel (3022 m, Gehzeit: 3 Std.), Abretterkopf (2980 m, Gehzeit: 3 Std.), Kratzenberg (3022 m, Gehzeit: 4½ Std.)

Neue Fürther Hütte – Krimml

Neue Fürther Hütte	Larmkogelscharte	Thüringer H.	Habach/Ghf. Weyerhof	
1¾ Std.	1¼ Std.	3 Std.		6 Std. ↗ 820 Hm ↘ 2200 Hm
2201 m	2933 m	2212 m	ca. 820 m	

Charakteristik: Diese Tour führt über die Larmkogelscharte, wo man den höchsten Punkt der gesamten Trekkingtour erreicht, in das „Smaragdtal" (Habachtal). Technisch nicht schwierige Tour, man bewegt sich aber im Hochgebirge an der 3000er-Grenze; sehr weiter Abstieg!

Einkehr/Übernachtung: Thüringer Hütte, Gasthof Alpenrose, Gasthof Enzianhütte, Gasthof Weyerhof

Ein- bzw. Ausstiegsmöglichkeiten: Bramberg (Bushaltestelle Weyerhof), Krimml

Mögliche Gipfelbesteigung: Larmkogel (3022 m)

Kurz nach der Neuen Fürther Hütte beim Kratzenbergsee

Von der Neuen Fürther Hütte wandert man zunächst leicht abwärts Richtung Kratzenbergsee, wo man nach wenigen Minuten eine kleine Brücke über den Seebach erreicht. Dann geht es weiter in stetig steigendem Zickzack zunächst über Almböden, später über Schutthalden und Schneefelder auf gut markiertem Weg zur Larmkogelscharte.

Mögliche Gipfelbesteigung:

Von hier kann man in ca. zehn Minuten einen lohnenden Abstecher auf den Gipfel des Larmkogels machen (ca. 90 Höhenmeter über der Scharte), der mit 3022 Metern ein wunderschöner Aussichtsberg ist. Der Weg dorthin ist bei guten Verhältnissen nicht schwierig, nur unterhalb des Gipfels ist eine seilversicherte Stelle zu überwinden.

Neue Thüringer Hütte (2212 m)

DAV-Sektion Jena
Offen: Mitte/Ende Juni – Ende Sept.
Zimmerlager/Betten: 30 Plätze
Matratzenlager: 50 Plätze
+43/(0)6566/7555
www.nth-huette.de

Der Abstieg von der Scharte zur Thüringer Hütte, die bereits sichtbar ist, erfolgt in Serpentinen erst durch steiniges Gelände, dann über Wiesenböden bis zur Hütte.

Von der Thüringer Hütte folgt man dem anfangs flachen Steig talauswärts, der dann wiederum im Zickzack über Almböden hinunter Richtung Talgrund führt. Nach ca. 30 Minuten erreicht man das „Gott-sei-Dank-Bankl" mit einem kleinen Brunnen. Der nun folgende, sehr steile Abstieg macht deutlich, warum jeder Wanderer (der aus der anderen Richtung kommt) Gott dankt, wenn er nach dem Aufstieg hier an-

Blick vom Larmkogel auf den Schafkopf im Nebel

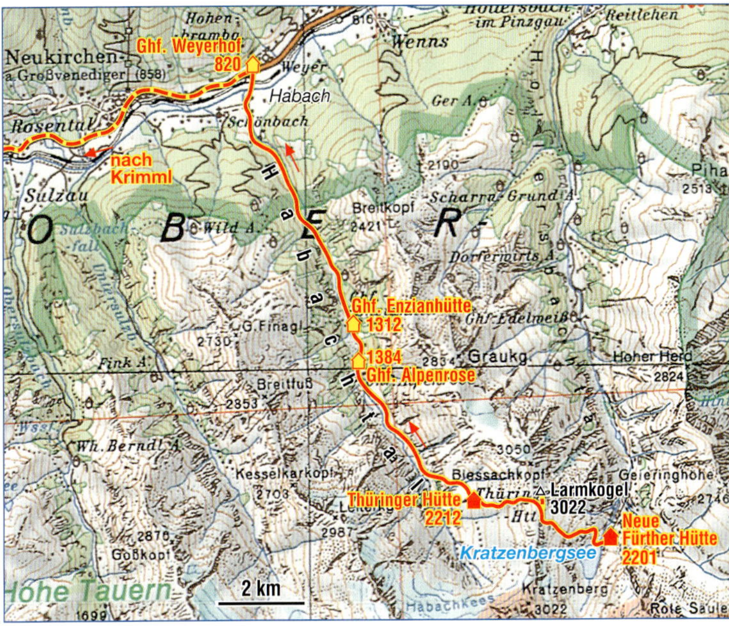

kommt. Nach starken Regenfällen oder Wetterstürzen ist an dieser Stelle Vorsicht geboten.

20 Minuten später kommt man zu einer Weggabelung, an der man dem Weg, der aus dem Tal hinausführt, folgt, bis man nach weiteren 20 Minuten den Talgrund mit einem kleinen See erreicht hat. Ab hier führt eine Forststraße vorbei an der Moaalm und weiter zum Gasthof Alpenrose, den man 15 Minuten nach dem See erreicht.

Hinweis:
Zwischen dem Gasthof Alpenrose und Bramberg verkehren Hüttentaxis.

Wir bleiben auf dem Forstweg und queren nach 40 Minuten die Habach. Kurz danach erreichen wir das Schild „Nationalpark Außenzone“, circa 100 Meter weiter zweigt der Geolehrpfad rechts ab. Diesem folgt man etwa 20 Minuten, bis er wieder auf die Forststraße zurückführt. 5 Minuten später gelangt man an das Talende mit Asphaltstraße und Parkplatz.

Hier mündet das Habachtal in das quer dazu verlaufende Salzachtal. Man folgt der Straße, überquert die Habach ein zweites Mal und durchquert die Siedlung Richtung Norden, bis man nach 20 Minuten auf der anderen Seite des Salzachtals die Bundesstraße erreicht.

Direkt an der Einmündung der Habach in die Salzach befindet sich gegenüber des Gasthofs Weyerhof die Bushaltestelle Weyerhof. Von dort nimmt man den Bus, der Krimml in einer guten Viertelstunde (Haltestelle Bahnhof) erreicht. Dieser verkehrt den ganzen Tag zwischen circa 7 Uhr in der Früh und 9.45 Uhr am Abend stündlich oder öfter.

Der „Habachtaler"

Im Habachtal findet man das einzige relevante Smaragdvorkommen Europas (neben kleineren Vorkommen in Italien und Norwegen). Der Smaragd ist eine Form des Berylls, durch Chrom grün gefärbt und einer der wertvollsten Edelsteine überhaupt.

Der „Habachtaler", wie der Stein auch genannt wird, ist weit verbreitet und hoch geschätzt. Er zeichnet sich durch eine sehr intensive Grünfärbung aus. Große Tafelsteine kann man heute in den Kaiserlichen Kroninsignien in Wien bestaunen, auch die Dom-Monstranz in Salzburg enthält 24 Habachtal-Smaragde. Der bisher wertvollste, je gefundene Smaragd aus dem Habachtal (42 Karat) befindet sich bei den britischen Kronjuwelen im Londoner Tower.

Schon in der Bronzezeit soll hier nach dem so genannten „grünen Gold" geschürft worden sein. Überlieferungen zufolge wussten auch die Römer davon, ob sie gezielt Abbau betrieben haben, ist jedoch ungewiss. Eine Legende besagt, dass Kaiser Nero einen „Habachtaler", der zu einem Monokel geschliffen war, besaß.

Sicher ist jedoch, dass bis heute zahlreiche Sammler das Habachtal aufsuchen, mit der Hoffnung, einen „Habachtaler" mit nach Hause zu nehmen.

Tourismusbüro Krimml
Oberkrimml 37, 5743 Krimml
+43/(0)6564/72390
Öffnungszeiten: Montag bis Freitag, 8–12 und 14.30–17.30 Uhr,
Samstag 8.30–10.30 Uhr
info@krimml.at
www.krimml.at

Krimml – Krimmler Tauernhaus

Krimml	oberes Ende des Wasserfalls	Krimmler Tauernhaus	
1½ Std.		2 Std.	3½ Std. ↗ 560 Hm
1067 m	1460 m	1631 m	

Charakteristik: Die Tour fasziniert durch den Aufstieg entlang der Krimmler Wasserfälle. Sie sind die höchsten Wasserfälle Europas und eines der Highlights des Nationalparks! Breiter, guter Weg; relativ steiler Anstieg über Serpentinen entlang des Wasserfalls.
Einkehr/Übernachtung: Krimmler Tauernhaus
Einstiegsmöglichkeit: Krimml

Das Krimmler Achental

Vom Krimmler Bahnhof aus wandert man direkt dem Achenwaldweg und Tauernradweg entlang und kommt so nach ca. 50 Minuten zum Parkplatz bei den Krimmler Wasserfällen, wo unsere nächste Tour beginnt.

Hier folgt man dem Wasserfall-Panoramaweg. In der Hauptsaison wird für diesen schön angelegten Weg eine geringe Gebühr eingehoben und vor allem im unteren Teil ist der Besucherandrang zeitweise sehr groß. Je weiter man wandert, desto ruhiger wird es jedoch wieder. Besonders im Frühling und frühen Sommer, wenn die Schnee- und Gletscherschmelze die Krimmler Ache mit zusätzlichem Wasser versorgt, sind die Wasserfälle beeindruckend, da sie bis zu 40

Mal mehr Wasser führen als in anderen Monaten.

Der breite Wanderweg führt serpentinenartig, teilweise steil, aber gut gesichert und ohne Schwierigkeiten begehbar nach oben. Immer wieder kommt man an schönen Plätzen zum Stehenbleiben und Rundumblicken vorbei. Nach circa 1½ Stunden erreicht man das obere Ende des Wasserfalls (1460 m) mit einem kleinen Rastplatz mit Aussichtsplateau. Auch hier lohnt sich wiederum eine kurze Pause und ein Blick auf den Wasserfall, der über die Felsen hinunterstürzt. Auf der anderen Seite öffnet sich ein weites, liebliches Tal mit einem ruhigen Gebirgsbach. Ein breiter Rad- und Wanderweg, meist eben, mit wenigen Steigungen, führt von hier aus über saftig grüne Wiesen- und Almlandschaften. Wenige Minuten nach dem Aussichtspunkt quert der Weg die Krimmler Ache und führt an der östlichen Talseite weiter ins Tal hinein. Die Ausblicke auf die Bergwelt sind beeindruckend und nach weiteren zwei Stunden und 8 Kilometern erreicht man das Krimmler Tauernhaus.

Krimmler Tauernhaus (1631 m)

Privat, ganzjährig bewirtschaftet
Zimmerlager/Betten: 23 Plätze
Matratzenlager: 36 Plätze
+43/(0)6564/8327
krimmler-tauernhaus@aon.at
www.krimmler-tauernhaus.at

Krimmler Wasserfälle

Die höchsten Wasserfälle Europas haben eine lange touristische Geschichte. In Staunen versetzten sie die Menschen seit jeher. Schließlich wurde in den Siebzigerjahren des 19. Jahrhunderts damit begonnen, dieses gewaltige Naturschauspiel touristisch zu erschließen. Vom damals noch jungen Alpenverein wurde ein Weg entlang des Falles mit Brücken und Aussichtskanzeln geplant und in drei Jahren Arbeit gestaltet. Als dann 1898 auch die Pinzgauer Eisenbahn fertig gestellt wurde, waren die Besucher nicht mehr zu bremsen.

Heute wird der Schauweg von zahlreichen Wanderern, Touristen und Einheimischen gern besucht, und wer noch mehr rund um das Thema Wasser erfahren und erleben möchte, ist in der WasserWunderWelt, direkt am Eingang zu den Wasserfällen, gut aufgehoben.

Die Wassermengen, die über die Krimmler Ache fließen und in drei Katarakten rund 400 Meter in die Tiefe stürzen, werden von 23 Gletschern gespeist. Daher variiert auch die Wassermenge sehr stark im jahres- und tageszeitlichen Rhythmus. Zwischen 10 und 83 m^3 Wasser rauschen jede Sekunde an den staunenden Besuchern vorbei in die Tiefe. Am meisten Wasser wird am Abend transportiert, wenn das Schmelzwasser der Mittagsstunden ins Tal fließt, am wenigsten in der Früh, da die Gletscher in den kühlen Nächten nur wenig Wasser freigeben. Die Wassermenge eines durchschnittlichen Tages in der Gletscher-Schmelzperiode zwischen Mai und August liegt zwischen 20 bis 35 Kubikmeter pro Sekunde.

WasserWunderWelt Krimml

geöffnet von 1. Mai bis 31. Oktober, täglich von 9.30 bis 17.00 Uhr
+43/(0)6564/20113
info@wasserwunderwelt.at
www.wawuwe.at/wasserwunderwelt/

Krimmler Tauernhaus – Birnlückenhütte

Krimmler Tauernhaus		Innere Keesalm		Birnlücke		Birnlückenhütte	
	1¾ Std.		2¼ Std.		½ Std.		4½ Std. ↗ 1050 Hm ↘ 230 Hm
1631 m		1810 m		2665 m		2441 m	

Charakteristik: Diese Tour führt aus dem Nationalpark Hohe Tauern in den Südtiroler „Naturpark Rieserfernergruppe". Alpine Wanderung über gute Wege und Steige, teilweise über Steinplatten.
Einkehr/Übernachtung: Birnlückenhütte

Innere Keesalm

Die Route führt vom Krimmler Tauernhaus leicht ansteigend weiter taleinwärts. Die Gegend wird zunehmend rauer und alpiner. Schließlich öffnet sich ein grandioser Blick auf die Gletscherabbrüche des Krimmler Keeses. Nach 1½ Stunden passiert man die Äußere Keesalm (1750 m). Dort werden Almprodukte wie Buttermilch, Butter und Käse angeboten und die Käserei kann besichtigt werden.

Nach einer weiteren Viertelstunde taleinwärts kommt man zur Inneren Keesalm, einer kleinen Gruppe von vier Holzhäusern. Dort befindet sich, relativ unscheinbar auf einem Stein

befestigt, ein Wegweiser zur Birnlücke, dem man folgt. Kurz danach überquert man die Krimmler Ache und folgt dem Steig.

Hinweis:

Wenn man diesen Einstieg in den Steig zur Birnlücke versäumt hat, kann man auch noch am Ende des Weges, bei der Talstation der Materialseilbahn zur Warnsdorfer Hütte, zum Steig auf die Birnlücke gelangen, wenn man sich rechts aufwärts in Richtung Südwesten hält.

Der gut markierte Steig, der nun im Zickzack über die „Grasleitn" hinauf auf die Birnlücke führt, ist zwar steil, jedoch in gutem Zustand und ohne Probleme zu begehen. Am Weg lohnt sich ein Blick Richtung Osten hin zur Warnsdorfer Hütte, die sich auf der anderen Talseite befindet. Weiter im Südosten kann man wiederum das ausgedehnte Krimmler Kees mit seinen Gletscherbrüchen bestaunen und bei schönem Wetter sieht man außerdem die Maurerkeesköpfe, die Östliche und Westliche Simonyspitze sowie die Dreiherrnspitze. Von der Birnlücke führt der Steig abwärts und man gelangt in einer ½ Stunde zur Birnlückenhütte.

Birnlückenhütte (2441 m)

CAI-Sektion Bruneck
Offen: Mitte Juni – Anfang Oktober
Zimmerlager/Betten: 30 Plätze
Matratzenlager: 16 Plätze
+39/(0)474/654140
knappenhof@dnet.it
www.schutzhuetten.net/birnlueckenhuette

Tourenmöglichkeiten:
Dreiherrnspitze (3499 m, Gehzeit: 4 Std.), Glockenkarkopf (2911 m, Gehzeit: 2 Std.)

Krimmler Tauern

Der Pfad über den Krimmler Tauern war in vergangenen Jahrhunderten eine wichtige Verbindung des deutschen Raums mit Italien und wurde bereits von römischen Legionären benutzt. Im 14. Jahrhundert wurde das Krimmler Tauernhaus erstmals urkundlich erwähnt, und hatte – wie auch die anderen Tauernhäuser – die Aufgabe, Wanderer zu verpflegen, zu beherbergen und sich um die Wege zu kümmern. Die Gaststube ist auch heute noch in ihrer ursprünglichen Form erhalten, obwohl das Haus in mehreren Umbauten erweitert und renoviert worden ist.

Wegkreuz auf der Birnlücke

Birnlückenhütte – Lenkjöchlhütte

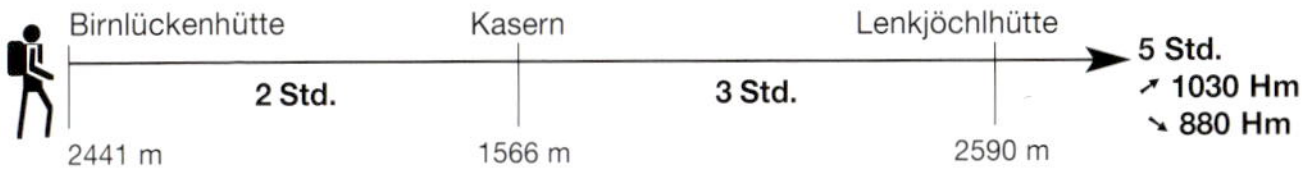

Charakteristik: An diesem Tag werden auf guten Wegen und Steigen zwei wunderschöne Täler des „Naturparks Rieserfernergruppe“ durchwandert. Die gesamte Tour verläuft in Südtirol.

Einkehr/Übernachtung: Lenkjöchlhütte, Prettau-Kasern
Achtung: In Kasern gibt es die letzte Einkaufsmöglichkeit für die nächsten vier Tage!
Ein- bzw. Ausstiegsmöglichkeit: Prettau-Kasern

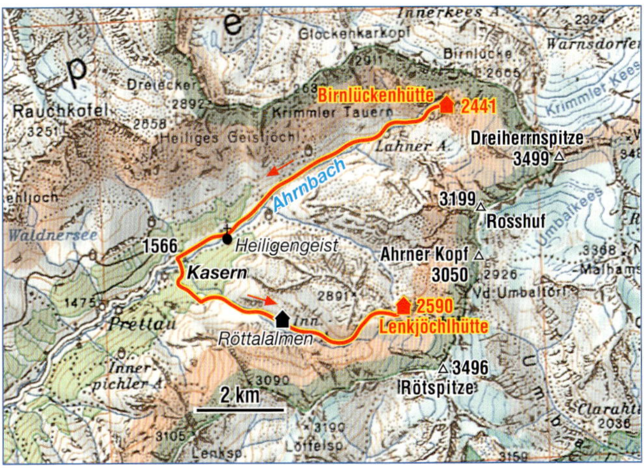

Der Weg von der Birnlückenhütte führt anfangs relativ steil in Serpentinen abwärts. Nach einer knappen Stunde erreicht man dann den gemütlichen Tauernweg, dem man nun durch ein herrliches Almtal entlang des Ahrnbaches auswärts folgt. Man passiert die Häuser von Trinkstein, ca. eine Viertelstunde später gelangt man zur Heiligengeistkapelle, die links, etwas abseits des Weges, liegt. Dieses idyllische Plätzchen mit der romanischen Kapelle lädt dazu ein, einige Minuten zu verweilen. Schließlich gehen wir auf dem Asphaltweg weiter talauswärts und erreichen nach 15 Minuten Kasern.

Unser nächstes Ziel ist die Lenkjöchlhütte. Um dorthin zu gelangen, könnte man auch von Trinkstein oder Heiligengeist durch das Windtal aufsteigen. Die schönste Route führt jedoch über Kasern und von dort durchs Röttal, hat man doch lange Zeit die herrlichen Gletscherhänge der Rötspitze vor sich.

Urlaubsinformation Prettau-Kasern
Kirchdorf 84a, I-39030 Prettau
+39/(0)474/654123
info@prettau.it
www.prettau.it

Vom Ort Kasern aus folgt man dem Wanderweg mit der Beschilderung „Röttal – Lenkjöchlhütte“ Richtung Süden. Man überquert den Ahrnbach und wandert weiter durch lichten Wald bergwärts, vorbei an aufgelassenen Bergwerksstollen, die mit Schautafeln erläutert werden. Nach etwa einer Stunde verlässt der Weg den Wald und führt weiter über steiniges Gelände, teilweise über in Fels gehauene Stufen, und vorbei am Rötkreuzl. Das Tal wird für kurze Zeit eng, um sich dann zu einem schönen, grünen Almboden zu weiten.

Hier gelangt man zur Äußeren Rötalm (2118 m), wo man sich neben einer Jause auch Klöppelspitzen, Bergkristalle und geschnitzte Masken kaufen kann. Gleich nach der Alm-

Lenkjöchlhütte (2590 m)

CAI-Sektion Bruneck
Offen: Anfang Juli – Anfang Oktober
Zimmerlager/Betten: 28 Plätze
Matratzenlager: 18 Plätze
+39/(0)474/654144
info@lenkl.com
www.lenkl.com

Tourenmöglichkeiten:
Rötspitze (3496 m, Gehzeit: 3 Std.), Dreiherrnspitze (3499 m, Gehzeit: 4½ Std.), Rosshuf (3199 m, Gehzeit: 2¾ Std.), Ahrner Kopf (3050 m, Gehzeit: 2½ Std.)

hütte überquert man den Röttalbach und begleitet diesen bis zum Ende der Ebene. Dann führt ein guter Steig gemächlich bergauf, durch steiniges Gelände, Wiesen und Geröll, mit Blick auf die mächtigen Gletscher der Rötspitze. Nach insgesamt drei Stunden erreicht man die Lenkjöchlhütte.

Keesalm mit Rötspitze

Lenkjöchlhütte – Clarahütte

Lenkjöchlhütte		Umbaltörl		Philipp-Reuter-Hütte		Clarahütte	
	1½ Std.		½ Std.		2 Std.		4 Std. ↗ 330 Hm ↘ 890 Hm
2590 m		2928 m		2677 m		2036 m	

Charakteristik: Die abwechslungsreiche Tour wird begleitet durch herrliche Ausblicke auf die Gletscherlandschaft um die Dreiherrnspitze mit dem Umbalkees. Guter Weg, jedoch teilweise ausgesetzt. Trittsicherheit erforderlich! Bei Schneelage nicht zu empfehlen.
Einkehr/Übernachtung: Philipp-Reuter-Hütte (Selbstversorger), Clarahütte
Mögliche Gipfelbesteigung: Ahrner Kopf (3050 m)

Das Umbalkees

Von der Lenkjöchlhütte führt ein guter Steig oben an den Hängen des Windtals zuerst leicht abwärts, dann relativ eben durch steiniges bis felsiges Gelände. Der Steig dreht nach Nord-Ost und steigt dann steil über einen Fels- und Rasenrücken mit einigen ausgesetzten Stellen an. Man erreicht eine beschilderte Weggabelung, wo sich die Wege zum Vorderen und Hinteren Umbaltörl trennen. Wir nehmen den rechten Weg, der weiter über große Steinblöcke und eine gesicherte Felsplatte zum Vorderen Umbaltörl (2928 m) führt. Auf dem Weg hierher ist Trittsicherheit erforderlich!

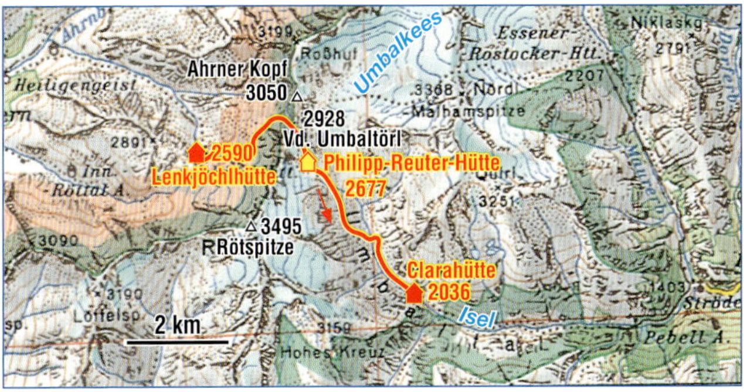

Gipfelbesteigung

Vom Vorderen Umbaltörl bietet sich die Besteigung des felsigen Ahrner Kopfes (3050 m) an, dessen Gipfel man in ca. einer Viertelstunde erklimmen kann. Jedoch ist neben Trittsicherheit auch Schwindelfreiheit und Bergerfahrung nötig.

Unsere Route folgt dem gut markierten Steig über Geröll und Steinplatten abwärts und kommt nach etwa ½ Stunde unterhalb der Ruinen der ehemaligen Essener-Rostocker Hütte zur Philipp-Reuter-Biwakhütte.

Kleine Philipp-Reuter-Hütte (2677 m)

DAV-Sektion Essen
Selbstversorger, beaufsichtigt, Kochgelegenheit
Weitere Infos: siehe Clarahütte

Die „junge Isel" im Umbaltal

Der Steig zur Clarahütte führt zunächst eine ½ Stunde in Serpentinen steil abwärts, vorbei an einer Abzweigung zur Essener-Rostocker Hütte. Man wird dabei vom Rauschen des Umbalbaches (der „jungen Isel") begleitet. Jedes Mal, wenn der Weg ins Tal hineinschaut, bietet sich ein herrlicher Blick auf die Gletscherlandschaft des Umbalkeeses, am Fuße der Dreiherrnspitze.

Wir wandern dann lange Zeit talauswärts, nur mehr sachte bergab, überqueren den Bach über eine Metallbrücke und erreichen schließlich die Clarahütte.

Clarahütte (2036 m)

DAV-Sektion Essen
Offen: Anfang Juni – Ende Sept.
Matratzenlager: 30 Plätze
+43/(0)664/9758893
www.praegraten.at/clarahuette

Tourenmöglichkeiten:
Rötspitze (3495 m, Gehzeit: 5 Std.), Simonyspitzen (3488 m, Gehzeit: 4½ Std.)

Clarahütte – Neue Reichenberger Hütte

Clarahütte – ¼ Std. – Isel – 2¼ Std. – Daberlenke – 1 Std. – Neue Reichenberger Hütte

2036 m – ca. 1950 m – 2631 m – 2586 m

3½ Std.
↗ 710 Hm
↘ 150 Hm

Charakteristik: Wenig begangene Tour durch das wildromantische Dabertal und über die Daberlenke zur Reichenberger Hütte. Einige Stellen in der Daberklamm sind etwas ausgesetzt, ansonsten bei guten Bedingungen unschwierige Wanderung.
Einkehr/Übernachtung: Neue Reichenberger Hütte

Unsere Route folgt dem Weg talauswärts, bis man nach ca. 10 Minuten zu einer Abzweigung gelangt. Dort steigt man etwa 5 Minuten steil zum Fluss ab und überquert diesen über die Brücke. Auf der anderen Flussseite wartet ein kurzer Aufstieg im Zickzack ins Dabertal, der ebenso steil ist. Die Wanderung führt weiter durch dieses wildromantische Tal, das nur wenig begangen wird. Meist verläuft der Weg weit oberhalb des Baches und ist mitunter etwas ausgesetzt. 30 Minuten nach der Bachüberquerung erreicht man seilversicherte Wegabschnitte und nach 40 weiteren Minuten gelangt man zur Jagerhütte. Unser Weg führt hinter der Hütte über den Hang nach oben. Hier ist es nötig, auf die Markierung zu achten, denn der Weg, der weiter taleinwärts führt, endet bald.

Nebelverhangene Bergwelt kurz vor der Clarahütte

Eine Stunde später erreicht man die Daberlenke. Dort sieht man die letzten Reste des Daberkeeses, das hauptsächlich aus Toteis besteht. Die Lenke ist die Wasserscheide des Gebietes.

Von hier beginnt der Abstieg Richtung Neue Reichenberger Hütte. Zuerst fällt der Weg ein Stückchen ab, dann führt er fast eben bzw. in leichtem Auf und Ab dahin, bis man nach einer Stunde die Hütte erreicht, die sehr schön am Bödensee liegt.

Gipfelbesteigung:

Die Wanderer, die an diesem Tag noch unausgelastet sind, lädt dort die mächtig erscheinende Gösleswand zu einer Besteigung ein. Sie ist bei guten Bedingungen relativ leicht und ohne Kletterei über die Rote Lenke zu erreichen, einige Stellen sind jedoch ausgesetzt.

Neue Reichenberger Hütte (2586 m)

OeAV-Sektion Reichenberg
Offen: Mitte Juni – Ende September
Zimmerlager/Betten: 22 Plätze
Matratzenlager: 40 Plätze
+43/(0)4873/5580
neue.reichenbergerhuette@utanet.at
www.neue-reichenbergerhuette.at

Tourenmöglichkeiten:

Bachlenkenkopf (2759 m, Gehzeit: ½ Std.), Gösleswand (2912 m, Gehzeit: 1 Std.), Finsterkarspitze (3028 m, Gehzeit: 2 Std.), Heinzenspitze (2930 m, Gehzeit: 1 Std.), Kesselpater (2985 m, Gehzeit: 2 Std.)

Neue Reichenberger Hütte – Lasörlinghütte

Neue Reichenberger Hütte	Stampflestörl	Glauretschartl	Lasörlinghütte	
2¼ Std.	¾ Std.	1¼ Std.		4¼ Std. ↗ 820 Hm ↘ 1050 Hm
2586 m	ca. 2580 m	ca. 2850 m	2296 m	

Charakteristik: Diese Etappe führt über den Lasörling-Höhenweg, vorbei am Lasörling, und bietet wunderbare Ausblicke auf die Venedigergruppe. Bei Schlechtwetter ist auf die Markierungen zu achten und beim Abstieg vom Glauretschartl ist Vorsicht geboten, da es steil und rutschig ist!

Einkehr/Übernachtung: Lasörlinghütte

Mögliche Gipfelbesteigung: Lasörling (3098 m)

Das steinübersäte Glauret

Diese Etappe folgt dem Lasörling-Höhenweg, der von der Reichenberger Hütte zuerst für ca. eine ½ Stunde zur Roten Lenke ansteigt. Von dort führt der Weg hinab bis zum Kleinbachboden, den man nach einer weiteren Stunde erreicht. Nach 10 Minuten Aufstieg gelangt man an eine Weggabelung, wo zuerst der Weg ins Kleinbachtal abzweigt (Richtung Norden). Kurz darauf trennen sich die Wege zum Stampflestörl und zur Bergerseehütte über die Michltalscharte. Wir folgen dem ersten, südlicheren der beiden Wege, der weiter aufsteigt. Nach einem steilen, etwa halbstündigen Aufstieg erreicht man das Stampflestörl.

Der Abstieg vom Törl führt teilweise über Steinblöcke und dauert ca. nochmals eine ½ Stunde. Der Weg führt um den Nordostkamm des Stampfleskopfs, fällt dann in ein Kar leicht ab, um anschließend über eine große Felsrampe wieder anzusteigen. Am Ende dieser Rampe befindet sich ein steiniges Plateau. Richtung Süden zweigt der Weg zum Prägrater Törl ab. Unser Weg führt weiter zum Glauretschartl, das man nach 20 weiteren Minuten erreicht.

Der Lasörlingkamm mit dem Lasörling (rechts) als größte Erhebung

Aufbruch von der Lasörlinghütte

Vom Glauretschartl steigt man durch ein sehr steiles Geröllfeld ab, das bei schlechten Wetterverhältnissen und nach Wetterstürzen sehr rutschig sein kann! Nach etwa 20 Minuten und 200 Höhenmetern erreicht man einen flachen Boden (Glauret), an dem sich die Wege Richtung Lasörling und Lasörlinghütte trennen.

Gipfelbesteigung:

Von hier aus erreicht man in ca. 45 Minuten den Gipfel des Lasörling (3098 m). Der unschwierige Weg führt über ein endlos scheinendes Schotterfeld. Der Lasörling ist ein wunderbarer Aussichtsberg. Der Abstecher lohnt sich auf jeden Fall!

Nach der Abzweigung erreicht man die Lasörlinghütte nach etwa 50 Minuten. Diese sehr schön gelegene Hütte bietet einigen Luxus, auf den man in den letzten Tagen verzichten musste (Warmwasserduschen, beheizte Zimmer etc.).

Lasörlinghütte (2296 m)

Privat
Offen: Ende Mai – Mitte Oktober
Zimmerlager/Betten: 40 Plätze
Matratzenlager: 30 Plätze
+43/(0)664/9758899
info@lasoerlinghuette.com
www.lasoerlinghuette.com

Tourenmöglichkeiten:
Säule (2850 m, Gehzeit: 2 Std.), Scheibe (2766 m, Gehzeit: 2 Std.), Lasörling (3098 m, Gehzeit: 3 Std.)

Lasörlinghütte – Matrei in Osttirol

Lasörlinghütte		Zupalseehütte		Arnitzalm		Matrei i. O.	
2296 m	2¼ Std.	2346 m	3½ Std.	1848 m	2 Std.	975 m	7¾ Std. ↗ 580 Hm ↘ 1850 Hm

Charakteristik: Diese letzte Etappe führt uns über den Lasörling-Höhenweg. Die Tour ist relativ weit, entschädigt werden wir aber mit fantastischen Ausblicken auf den Großvenediger.
Einkehr/Übernachtung: Zupalseehütte, Matrei in Osttirol
Ausstiegsmöglichkeit: Matrei in Osttirol

Blick ins Virgental am Lasörling-Höhenweg

Von der Lasörlinghütte nimmt man den Weg, der mit „Zupalseehütte" beschildert ist. Er fällt zum Mullitzbach ab und überquert diesen. Eine Viertelstunde später wählt man auch bei der nächsten Abzweigung wieder die Richtung „Zupalseehütte". Wir wandern nun sanft am Gegenhang ansteigend zur Gumpenlacke. 30 Minuten später erreicht man das Törl unterhalb des Gosachkofels. Der Weg führt dem Hang entlang, weiter leicht steigend zur Merschenhöhe (2499 m), die man nach weiteren 15 Minuten passiert.

Der etwa 40-minütige Abstieg ist ebenso sanft. Man wandert gemütlich über Almen in den weiten Steinkastrog bis zur Abzweigung zur Merschenalm, die etwas abseits der Tour liegt.

Zupalseehütte (2346 m)

Privat
Offen: Mitte Juni – Mitte Oktober
Zimmerlager/Betten: 30 Plätze
Matratzenlager: 10 Plätze
+43/(0)4874/5227
tschoner@aon.at

Die Route folgt weiter dem Steig Richtung Zupalseehütte und umrundet nach 15 Minuten einen flachen Geländerücken, wo sich ein schöner Aussichtspunkt befindet. Dahinter wird bereits die Zupalseehütte sichtbar, die am schönen gleichnamigen See liegt und nach einer Viertelstunde erreicht wird.

Kurz nach der Hütte gelangt man rechter Hand zu einer Abzweigung Richtung „Wetterkreuzhütte über Legerle". Diese Route stellt eine mögliche Variante dar, unser Weg führt jedoch weiter geradeaus, dem Hang entlang und umrundet den Rücken des Legerle. Man wandert weiter Richtung Arnitzalm, bis man nach 35 Minuten zu einem Schild „Abkürzung Lasörlinghöhenweg" gelangt, wo man vom Hauptweg nach links abzweigt. Diese Abkürzung führt steil durch die Wiese und ist kaum markiert. Man kann jedoch unten bereits einen breiten Fahrweg erkennen, den man nach wenigen Minuten erreicht.

Von hier aus folgt man zuerst diesem Weg nach rechts, der bald in einen Steig übergeht. Im Verlauf dieser Wanderung müssen mehrere Quertäler zum Virgental ausgegangen werden. Daher wird eine relativ weite Strecke zurückgelegt, die jedoch nur wenige Höhenmeter in sich birgt. Am

Die wunderschön am Zupalsee gelegene Zupalseehütte

Arnitzalm

Reiterboden (2380 m) erreicht man wiederum einen breiten Forstweg, dem man talauswärts (abwärts) folgt. Man bleibt jedoch nicht lange auf diesem Weg, sondern nimmt bei nächster Gelegenheit wieder den Steig, der über Wald und Wiesen Richtung Arnitzalm (1848 m) abzweigt, welche man nach weiteren 30 Minuten erreicht. Diese alten Almhäuser sind einen näheren Blick wert, da sie traditionell und sehr schön sind!

Nach der Arnitzalm wandert man weiter über den Forstweg, der bereits nach wenigen Minuten an anderen Almhäusern vorbeiführt. Dort zweigt man links ab auf einen Weg, der mit „Abkürzung Matrei" beschildert ist. Dieser führt entlang des Arnitzbaches sehr direkt ins Tal hinab. Nach 50 Minuten Abstieg erreicht man den Bauernhof Guggenberg und den Parkplatz Lukasserkreuz.

Von dort folgt man der asphaltierten Straße abwärts und passiert den Matreier Ortsteil Ganz. Dann überquert man die Isel und stößt kurz darauf auf die Straße, die von Matrei aus ins Virgental führt. Man folgt ihr nach rechts und gelangt so eine gute Stunde nach dem Bauernhof Guggenberg ins Zentrum von Matrei.

Alternativ kann man von der Straße nach dem Bauernhof Guggenberg in einer spitzen Linkskehre rechts abbiegen und kommt so zur St.-Nikolaus-Kirche, die stolz auf einem Hügel am Taleingang thront. Von dort führt eine kleine Straße ins Tal, die kurz vor der Iselbrücke auf den Hauptweg stößt.

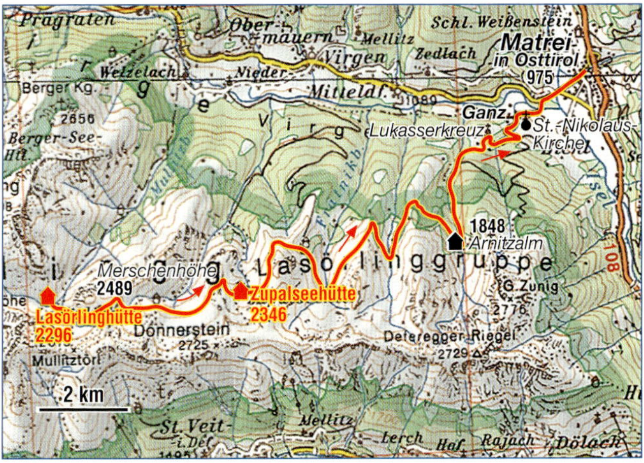

St.-Nikolaus-Kirche

Ortsregister

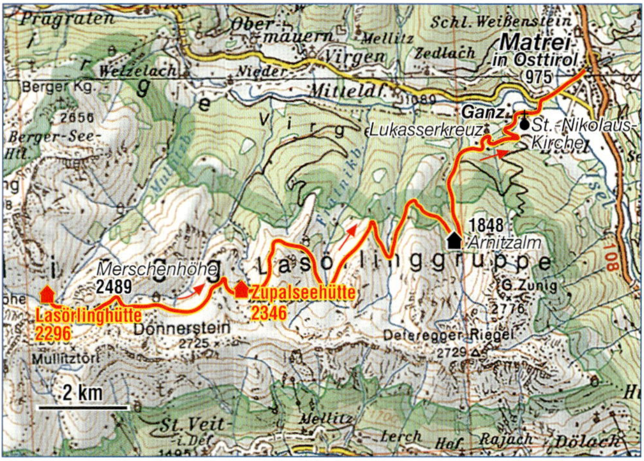

St.-Nikolaus-Kirche

Ortsregister

Dank

Wir danken allen, die uns bei diesem Projekt in verschiedenster Weise unterstützt, beraten oder ermutigt und vor allem so zahlreich begleitet haben. Ohne Eure Hilfe wäre dieses Buch nie zustande gekommen und wir hätten nicht so viel Freude daran gehabt.

Peter, Maria, Martina, Eva, Lukas, David, Werner, Elisabeth, Andreas, Stefan, Lucas, Judith, Christoph, Sandra, Manu, Astrid, Iris, Gertraud, Julia, Eva, Alex, Monika, Bernd, Lisa, Gerhard, Peter, Alfi, Bettina, Lukas, Sylvia, Iris

Alle Angaben in diesem Führer wurden sorgfältig recherchiert und erfolgen nach bestem Wissen der Autoren. Sollten Sie trotzdem Unstimmigkeiten entdecken, nehmen Autoren und Verlag gern Verbesserungsvorschläge und Korrekturhinweise entgegen (buchverlag@tyrolia.at). Die Benutzung dieses Führers geschieht auf eigenes Risiko. Eine Haftung für etwaige Unfälle und Schäden wird aus keinem Rechtsgrund übernommen.

Bibliografische Information Der Deutschen Bibliothek
Die Deutsche Bibliothek verzeichnet diese Publikation in der Deutschen Nationalbibliografie; detaillierte bibliografische Daten sind im Internet unter http://dnb.ddb.de abrufbar.

Umschlaggestaltung: Tyrolia-Verlag, Innsbruck, unter Verwendung eines Bildes von Julia und Mario Dobnig
Layout: Tyrolia-Verlag
Alle Bilder stammen von den Autoren, außer:
Seite 2, 41, 51 oben, 58, 67, 69, 70 unten, 88 oben, 93 oben, 95 und 96: Walter Mair; 17, 80 und 84: NPV Salzburg Salzburg, Lerch; 23, 29, 33: Peter Angermann, Mallnitz; 26: Wolfgang Maas; 35: DAV Sektion Hannover; 39: NPHT, Emanuel Egger; 42: NPV Salzburg, Höger; 46: Hans Pichler; 48: DAV-Sektion Wuppertal; 50: Baumgartner; 51 unten: Harry Lucca; 55: Foto Zloebl; 57: Peter Gliber; 61: DAV Sektion Sudeten; 66: Ull Willander; 70 oben und 71 oben: Jutta Schlick; 72: Rolf Wolle; 77, 79, 82 unten, 85 unten, 86, 87: Maria und Peter Kraler; 78: Mario Anhaus; 82 oben: Untergassmair; 85 oben: Richard Steger; 88 unten: Detlev Neumann; 90 unten: Johann Feldner; 93 unten: Privat; 97 und 98: NPHT Tirol, Kurzthaler
Karten: Kartenausschnitte sowie die Übersichtskarte auf der Umschlagrückseite, © BEV-2007, vervielfältigt mit freundlicher Genehmigung des **B**undesamtes für **E**ich- und **V**ermessungswesen in Wien, EB 2007/00665
Routeneintragungen: Rolle-Kartografie, D-Holzkirchen, nach Vorlagen des Autors
Lithografie: Athesia-Laserpoint, Innsbruck
Druck und Bindung: Alcione, Lavis (I)
ISBN 978-3-7022-2814-9
E-Mail: buchverlag@tyrolia.at
Internet: www.tyrolia.at